Edebiyat bahçesinden bir meyve...

CW01663649

Hasbahçe Kitaplığı / 39

Küçük Şehzade

Hazırlayan
Yasin ODABAŞI

Yayın Yönetmeni
Harun TUNCER

Yayın Koordinatörü
Faruk ÇINAR

Editör
Muhammet YILDIZ

Tashih
Yasin ÖZKAN
Yakup ARZU

Grafik Koordinatörü
Eyyüp ÇAKIRGÖZ

Grafik-Tasarım
Fatih DEVREZ

Kapak Tasarım
Kerem MİRALEM

Kapak Çizim
Pervin ÖZCAN

İç Çizim
Merve TOPAL

Baskı ve Cilt
Fazilet Neşriyat ve Tic. A.Ş.
Bağlar Mah. Mimar Sinan Cad. No: 54
Güneşli/Bağcılar - İSTANBUL
Tel.: 0212 657 88 00
Faks: 0212 657 95 88
Sertifika No: 16384

1. Basım: İstanbul, 2017 (4.000 adet)
ISBN: 978-605-2301-06-7

HASBAHÇE

Hasbahçe bir Çamlıca Basım Yayın ve Tic. A.Ş. markasıdır.
Alemdar Mah. Divanyolu,
İnciliçavuş Sokak No: 9A
Sultanahmet-Fatih İstanbul
Tel/Faks: 0212 512 41 01
www.hasbahcekitap.com
T.C. Kültür Bakanlığı Yayıncılık
Sertifika No: 15732
© Bu eserin bütün yayın hakları Çamlıca Basım Yayın ve Tic. A.Ş.'ye aittir.

Küçük Şehzade

Hazırlayan
Yasin Odabaşı

Bu kitabın sahibi:

....

....

İÇİNDEKİLER

TAKDİM

Hikâye, yaşanmış ya da yaşanması mümkün olayların anlatıldığı kısa, edebi bir yazı türüdür. Yaşandığı toplumun kültürel değerlerini (örf, adet, gelenek ve ananeler) ve geçmişle olan bağını günümüze taşır. Hikâye aynı zamanda, toplumların edebi kimliğini oluşturur.

Hikâyenin zengin ve uzun bir geçmişi vardır. Dede Korkut hikâyeleri, mesneviler, halk hikâyeleri, masallar, destanlar, meddah hikâyeleri, çeviriler vb. hikâyeciliğimizi besleyen kaynaklar arasında sayılır.

Yayına hazırlamış olduğumuz bu eser, macera, kahramanlık ve ders verici seçme hikâyelerden oluşmaktadır. Hikâyeler, Osmanlı Devleti'nin son devrinde neşredilen Osmanlıca çocuk dergi ve gazetelerinden derlendi. Hikâyelerde seçmeler yapılırken titiz bir çalışma yürütüldü. Rahatça okunması için anlaşılır bir dil kullanılmasına özen gösterildi. Bazı hikâyelerde, konunun özüne bağlı kalınarak düzenlemeler yapıldı. Hikâyelerin devrine ait bazı tabir ve terimler değiştirilmeyip dipnotlarla açıklandı.

Küçük Şehzade, akıcı üslubu ve merak uyandıran hikâyeleriyle doğruyu ve yanlışı ayırt etme, azimli ve başarılı olma ve özellikle çocuklara okuma alışkanlığı kazandırmak maksadıyla hazırlandı. Faydalı olması temennisiyle...

Yasin ODABAŞI

KÜÇÜK ŞEHZADE

Bir padişahın üç oğlu vardı. Büyük olan iki oğlu bir anneden, en küçük oğlu da başka bir anneden doğdu. En küçük çocuğunun annesi daha önce vefat ettiği için bu şehzade üvey annesinin elinde büyüdü. Küçük şehzadenin bir hatası olsa abileri onu hemen padişaha şikâyet ederlerdi. Şehzade suçsuz olsa bile cezalandırılırdı. Zavallı şehzade, babasından veya üvey annesinden azar işittiğinde sarayın en kuytu köşesine çekilir, oracıkta ağlardı. Ya da ahıra giderek babasının kendisine hediye ettiği küçük tayın gözlerinden öper, ona içini dökerdi. Tay ise şehzadenin ellerini yalar, acıklı acıklı kişner ve ayaklarıyla yeri eşelerdi.

Yıllar geçtikçe şehzadeler büyüdü. Küçük şehzade on altı, on yedi yaşlarına geldi. Hint padişahının bir kızı vardı. Yedi diyar uzaktan güzelliğini işiten onunla evlenmek istiyordu. Padişah, bu kızın şöhretini duyunca, onu oğullarından birisine almak istedi. Aynı zamanda Hint padişahıyla akrabalık kurarak gücüne güç katmak istiyordu. Bir gün hanımını çağırıp bu düşüncesini ona söyledi. Padişahın düşüncesini beğenen hanımı, Hint kızını büyük şehzadeye uygun gördü. Padişah buna razı oldu. Vezirini Hint padişahına gönderdi. Vezir, Hint kızını büyük şehzadeye istemek için yollara düştü. Altı ay süren yolculuğunun ardından geri dönen vezir, Hint padişahından şöyle bir haber getirdi:

- Padişah ile akraba olmayı ben de isterim. Fakat kızımın bir şartı var: kendisi gibi hüner sahibi bir adam bulursa onunla evlenmeyi düşünüyor. Eğer oğlu hünerlerine güveniyorsa kılıcını kuşanıp, atına binsin ve buraya gelsin.

Padişah büyük şehzadeyi yanına çağırttı ve ona meseleyi anlattı.

Şehzade:

- Sultanım, izin verirseniz Hint sarayına gidip hünerlerimi göstereceğim. Sizleri de mahcup etmeyeceğim! dedi.

Şehzade, babasının elini öperek atına bindi ve yola koyuldu. Az gitti, uz gitti, dere tepe düz gitti. Nihayet Hint ülkesine vardı. Hint padişahı, şehzadenin geldiğini haber alınca saraya davet etti ve ona büyük bir ziyafet çekti. Ziyafetin sonunda Hint padişahının kızı şartlarını bir bir sıraladı. Daha sonra da şehzade dinlenmek üzere odasına çekildi.

Ertesi günü Hint sultanı, heybetli bir ata bindi. Elindeki kalkan ve oklarıyla birlikte şehrin büyük meydanına çıktı. Şehzadenin, o gün sultana kendisini ispat edeceğini duyan ahali meydana akın etti. Hint padişahı da vezirleriyle birlikte gelip kendisine ayrılan yere oturdu. Sultan, atını koşturarak şehzadenin yanına gitti ve ona bir şeyler söyledi. Daha sonra meydanın dört bir tarafında atını koşturmaya başladı. Şehzade ok, kılıç ve kalkanını kuşanmış, Hint kızının hücumunu bekliyordu.

Hücum başladı. Şehzade daha ilk dakikada Hint kızının iyi bir binici ve yetenekli bir nişancı olduğunu anladı. Yarım saat kadar çarpıştılar. Her ikisi de pes etmiyordu. Hucum esnasında şehzadenin atının ayağı bir anda burkuldu. Bu sırada Hint kızının attığı ok şehzadenin koluna saplandı. Şehzade kolunun acısıyla kendini yere attı. Hint kızı galip gelince hemen atını saraya doğru sürdü. Açılan kapılardan içeriye girerek gözden kayboldu.

Zavallı şehzade yaralı olmasına rağmen yerden kalktı ve kolunu sardı. Hemen atına binerek memleketinin yolunu tuttu. Saraya varınca babasının huzuruna çıktı ve olanları anlattı.

Padişahın eşi dedi ki:

- Efendim müsaade edin, ortanca şehzademiz gidip kızı istesin!

Padişah izin verdi. Diğer şehzade Hint memleketine gitti. Fakat çok geçmeden onun da ayağı sakatlandı ve topal olarak geri döndü.

Küçük şehzade, ağabeylerinin bir kız karşısında böyle yenilmelerine çok şaşırdı. Bir gün üvey annesine yalvardı:

- Ne olur sultan anam, padişahımıza rica edin! Beni de Hint padişahının kızını istemeye göndersin!

Üvey annesi:

- Senden daha büyük ve hünerli iki ağabeyinin de beceremediği bu işi sen nasıl becereceksin ki? dedi.

Bu sözü üzerine, annesinden ümidini kesen küçük şehzade, büyük ağabeyine yalvardı. Büyük ağabeyi çolaktı. Küçük şehzadenin Hint kızıyla başa çıkamayacağını bildiği için onun da gitmesini istedi. Çünkü küçük şehzadenin hiçbir kusuru yoktu. Eğer Hint ülkesine giderse sakatlanarak geri döneceğinden emindi. Ortanca şehzade de böyle düşündü ve ikisi de gidip babalarına yalvardılar. Padişah, oğullarının ısrarına dayanamadı. Küçük şehzadeyi Hint diyarına göndermeye razı oldu.

Küçük şehzade babasının, annesinin ve ağabeylerinin ellerini öperek onlarla vedalaştı. Uzun bir yolculuktan sonra nihayet Hint ülkesine ulaştı ve padişaha haber gönderdi. Hint padişahı, küçük şehzadeye de güzelce bir ziyafet çekti ve güzeller güzeli kızıyla görüştürdü.

Ertesi gün şehzade, büyük meydanda bütün hünerlerini gösterecekti. Akşam şehzade, ahıra gidip atını okşadı ve:

- Ey benim güzel atım! Kendimi ispatlamam senin elindedir. Eğer ben hünerlerimi gösteremeyip, kendimi ispatlayamazsam, babamın ve ağabeylerimin yüzüne bakamam. Bunu böyle bil, dedi ve atının gözlerinden öperek ağladı.

At, şehzadenin bu söylediklerinin üzerine dile gelip:

- Sen hiç korkma şehzadem! Yalnız üçüncü oktan sonra kızın yanına yaklaşırsın ve onu belinden tutup kendi arkana alırsın. Ondan sonra ben gerekeni yaparım, dedi.

Şehzade ertesi gün erken kalkıp atını tımarladı. Üzerine sırmalı bir eyer* vurdu ve şehrin büyük meydanına çıktı. Şehrin meydanı hıncahınç doluydu. Şehzadenin muhteşem atını gören kalabalık ahali, parmaklarını ısırıyordu. Hint padişahı da bu atı çok beğendi. Şehzade ile Hint kızı karşı karşıya geldiler ve birbirlerini

* Eyer: Binek hayvanların sırtına konulan, oturmaya yarayan şey.

dikkatle süzdüler. Harekete geçen şehzadenin atı, bir ceylan gibi sekiyor, şaha kalkıyordu. Hint kızı bir anda hücuma başladı. Şehzade kızın attığı ilk oku büyük bir dikkatle havada yakaladı. İkinci ok, şehzadenin seri bir şekilde kafasını geriye yatırmasıyla tepesinden geçti. Şehzade seri ve dikkatli davranmasa az kalsın fırlatılan ok şehzadenin başına saplanacaktı. Hint kızı üçüncü okunu atmaya hazırlanırken şehzade atını çevirdi. Hint kızının arkasına doğruldu ve at yıldırım hızıyla kıza yaklaştı. Padişah, şehzadenin kurnazlığını anladı ve hemen atlı askerlerine emir verdi. Atlı askerler, kuşak gibi meydanın etrafını sarmaya başladılar.Tam bu sırada şehzade kızın belinden hızlıca tutup atına bindirdi. Şehzadenin atı meydanda tozu dumana katarak bir anda padişahın karşısına gelip şahlandı.

Meydandaki kalabalık bütün bu olan biteni şaşkınlık içinde seyrediyordu. Şehzade kılıcını eline aldı ve bir anda atını dörtnala sürdü. Askerlerin arasına daldı. Önüne gelen askeri kılıçtan geçirerek meydandan uzaklaştı.

Şehzade, güzeller güzeli Hint kızıyla memleketine vardı. Büyük kardeşleri ile üvey annesi, şehzadenin bu başarısını çok kıskandılar. Ama ellerinden bir şey gelmiyordu. Padişah küçük şehzadeden çok memnun kaldı. Kırk gün, kırk gece düğün yaptılar ve mutluluğa kavuştular.

(Çocuk Dünyası, Sayı 3, 10 Nisan 1913)

BABA NASİHATİ

İhtiyar bir adamın Mehmet isminde bir oğlu vardı. Bir sabah güneş daha yeni doğarken Mehmet uyandı. Pazara gideceğini bahane ederek babasının atlı arabasının yanına gitti. Mehmet bir an önce dışarı çıkmak istiyordu. İhtiyar babası evladının bu kadar acele etmesine üzüldü:

- Oğlum, niçin bu kadar acele ediyorsun? Acele yürüyen yolda kalır. Bu yüzden gitmekte acele etmemelisin, dedi.

Mehmet:

- Korkma babacığım. Ben büyüdüm artık, bir şey olmaz, dedi.

Babası nasihat etmişse de Mehmet bu nasihatleri dinlemedi ve alelacele evden çıktı.

Atlı arabaya bindi. Hayvanın ve arabanın sağını solunu kontrol etmeden pazarın yolunu tuttu.

Mehmet atlı arabayla bir hayli ilerledikten sonra atın nalı düştü. Arabanın tekerleği de dönmemeye başladı. Mehmet çaresiz, yarı yolda mahsur kaldı. Etrafta Mehmet'e yardım edecek ne bir insan, ne de yardım isteyebileceği bir ev vardı. Bu duruma çok üzülen Mehmet ne yapacağını şaşırdı. Yoluna devam etmek istedi. Fakat yoldaki çakıl taşları çok keskindi. Dahası atın nalı düştüğü için at hareket edemiyordu.

Mehmet yardım aramak için ne yapacağını bilmez bir halde koşuşturmaya başladı. Sık ve büyük ağaçların olduğu ıssız bir ormanda buldu kendisini. Burayı geçmek için birkaç adım ilerledi. Bir de ne görsün! Silahlı hırsızlar kendisine doğru hızla geliyordu. Çok korktu ve ne yapacağını şaşırdı. Kendi kendine "Atımı dörtnala koştururursam bunlardan kurtulabilirim" diye düşündü. Ancak yerdeki çakıl taşları atının ayağını yaraladığı için at topallıyordu.

Mehmet, at her ne kadar topallasa da atla kaçmayı düşündü. Topal hayvanı ileriye sürdü. Hırsızlar yetişerek Mehmet'i yakaladılar ve üzerinde ne varsa aldılar. Üstsüz başsız kalan Mehmet bu halde pazara gidemezdi. Atının da ayağı yaralıydı. Bütün parasını ve elbiselerini hırsızlara kaptırmıştı. Bu olanlardan dolayı Mehmet ağır bir hastalığa yakalandı.

Mehmet bunların başına neden geldiğini düşündü. Bundan sonra yapacağı işlerde büyüklerin sözlerini dikkate almayı ve yapacağı işlerde aceleci davranmaması gerektiğini anladı.

(Çocuklara Kıraat, Sayı 8, 4 Nisan 1882)

BALONLA SEYAHAT

Halit ve Rıfat isminde, gezmeyi, yeni yerler keşfetmeyi seven iki arkadaş vardı. Bu iki arkadaş, her zaman beraber gezerlerdi. Sıkı bir dost olan Halit ve Rıfat, eğlenceli olduğu kadar tehlikeli işlere de kalkışıyorlardı.

Kafadar iki arkadaş, deniz mevsiminde sandalla engin okyanuslara açılırlar ve şiddetli fırtınanın getirdiği azgın dalgalarla mücadele ederlerdi. Bazen, zirvesi bulutlara kadar ulaşan sarp dağlara tırmanırlar ve yükseklik korkularına meydan okurlardı. Bazen de uzun ve sık ağaçlardan oluşan ıssız ormanlarda vahşi hayvan avına çıkarlardı. Heyecan dolu bu iki arkadaşın maceraları çoğu zaman tehlikeli olabiliyordu.

Halit ile Rıfat bir gün gökyüzünde balonla seyahat etmeye karar verdiler. Yüksek bir dağın yamacına çıktılar. Hazırlıklar tamamlandıktan sonra, balonun sepetine bindiler ve balon yavaşça yükselmeye başladı. Hava güneşli olmasına rağmen hafiften yağmur yağıyordu. Balon, havada süzülerek rüzgârın götürdüğü yöne doğru uçmaya başladı. Aşağıdaki deniz ve ormanı buluşturan bu eşsiz manzara Halit ve Rıfat'ı kendisine hayran bıraktı. Yükseklere çıktıkça heyecanları daha da artıyordu. Etrafı heyecanlı ve meraklı gözlerle seyrediyorlardı.

Biraz sonra gökyüzünde meydana gelen gökkuşağı, ormanların ve denizin üzerinden dağların yamacına uzanıyordu. Kırmızı, sarı, yeşil ve mavi renklerin gölgesinde uçan iki kafadar seyyah, bu manzaranın bitmesini hiç istemiyordu. Birkaç saat gökyüzünde kaldılar. Artık yavaş yavaş güneş batıyordu. Masmavi deniz bir anda güneşin batmasıyla adeta kızıla boyandı.

Bir ara Rıfat, eliyle denizi işaret ederek:

- Hey Halit, şuraya bak! Görüyor musun deniz kıpkırmızı oldu, dedi.

Halit gözlerini denizden dakikalarca alamadı ve:

- Vay canına! Daha önce böyle muhteşem bir güzellik görmemiştim, muhteşem bir manzara bu, diye cevap verdi.

Aradan bir hayli zaman geçti. Karanlığın çökmesiyle hava da soğuyordu. Buna rağmen balon hâlâ yükseliyor, yukarıya doğru çıktıkça soğuk daha da artıyordu. On dakika sonra balon büyük bir bulutun içine girdi. Etrafta bir şey görmek mümkün değildi. Balon artık daha da yükselerek bulutların üzerine çıktı. Alt tarafta kalan bulut tabakası beyaz bir sahrayı andırıyordu. Bu bulut sahrasının üzerindeki çatlaklar arasından kara parçası görünüyordu.

Yerden tam dört bin metre yüksekliğe ulaşmışlardı. Farkına varmasalar da yanlarındaki su donmuştu. Nefes almaları güçleşiyor kulaklarına uğultular ve değişik sesler gelmeye başlıyordu. Seyyahların kalbi hızlı hızlı çarpmasına rağmen balon hâlâ yükselmeye devam ediyordu. Balon yükseldikçe Rıfat'ın soğuktan vücut direnci düşüyordu. Ayakta durmakta zorlanıyor, her tarafı morarmaya başlamıştı. Az bir zaman sonra kendinden geçti ve bayıldı.

Halit telaşa kapıldı. Balonun tepesindeki kapağa bağlı olan ipi çekmek istedi. Fakat ipi çekecek gücü kalmamıştı. Ne yapacağını şaşırdı. Son anda ipi dişlerinin arasına sıkıştırarak çekmeyi başardı.

Kapak açılınca balon yavaş yavaş alçalmaya başladı. Bulutların altına indiler ve hava sıcaklığı da normale döndü. Bir müddet sonra maceraperest seyyahlar da kendilerine geldi. Balon, uçsuz bucaksız yeşilliğin ortasına indi.

Karaya ayak basan seyyahlar, sağ salim kurtuldukların şükrettiler. Balon seyahatini yara almadan tamamlayan iki kafadar artık başka maceralara kaldıkları yerden devam edecekti.

(Çocuk Dünyası, Sayı 3, 10 Nisan 1913)

SANA KÖTÜLÜK YAPANA SEN İYİLİKLE KARŞILIK VER

Zamanın birinde çok zengin bir adam vardı. Bağı bahçesi, hanı hamamı bir sürü malı mülkü vardı. Yanında birçok işçi çalıştırıyordu. İşçilerden biri bir gün çalışırken yanlışlıkla zengin adamın malına zarar verdi. İşçinin yaptığı bu zararı gören zengin adam, yerden aldığı bir taşı fırlatarak onu yaraladı. Zavallı işçi böyle kuvvetli bir adama karşı bir şey yapmaktan aciz olduğu için "Belki bir gün şartlar değişir, fırsatım olur, bana yapılan bu eziyetin karşılığını veririm." düşüncesiyle kendisine atılan bu taşı evinde sakladı.

Belirli bir zaman sonra, o zengin adamın işleri bozuldu. Elinde avucunda ne varsa her şeyini kaybetti. Artık insanların yardımına muhtaç duruma düştü. Yolu, bir zamanlar taş atarak yaraladığı çaresiz adamın kapısının önüne düştü. İşçi kendisine bir zamanlar haksız yere eziyet edip taş atan bu adamı tanıdı ve:

- Ha! İşte beklediğim vakit geldi, dedi.

Hemen saklandığı yerden taşı alıp atacağı sırada birdenbire durdu. Kendi kendine:

- Düşmanım zengin ve güçlüyken yaptığının hesabını soramadım! Ya şimdi bulunduğu yoksulluk halinden faydalanarak onu bir kat daha üzmek doğru olur mu? Bana ettiği zulme karşı hakkında iyilik ve merhamet ile hareket etmek elbette daha doğrudur, diye düşündü.

İşte bu düşünceyle taşı sokağa attı. Cebindeki bir miktar parayı da bir zamanlar zengin ve güçlü olan düşmanı, şimdi ise yardıma muhtaç olan dilenciye verdi.

(Etfal Gazetesi, 21 Ocak 1886)

DERTLİ ŞAH

Her savaşta üstün gelmiş, zengin ve ünlü bir İran şahı vardı. Fakat bir derdi vardı ki, onu yıllardır düşündürüyordu. Kendisinden sonra tahtına geçebilecek bir oğlu yoktu. Bu dert kendisini sarayın içine kapanmaya mecbur etti. Dertli şah, bunun için kendisine uzak diyarlarda bir adanın üzerine ihtişamlı bir saray yaptırdı.

Günün birinde saraya esir tüccarlığı yapan birisi geldi. Şaha, gayet güzel ve genç bir kızı esir olarak verdi. Şah esir kızı o kadar güzel buldu ki onunla evlendi ve sarayının sultanı yaptı. Artık yeni sultanın incili elbiseleri, gerdanlıkları, mücevherleri ve denize bakan geniş odaları vardı. Bunlardan başka emrinde birçok hizmetkârı vardı.

Fakat tuhaf olan bir şey vardı ki, sarayın yeni sultanı asla konuşmuyordu. Her gün, sabahtan akşama kadar odasında pencerenin kenarına oturuyordu. Uçsuz bucaksız denizin mavi dalgalarını, gökyüzündeki bulutları, güneşin doğuşunu ve batışını seyrediyordu.

Bir yıl sonra şah ile sultanın güzel, tatlı bir çocukları dünyaya geldi. İran şahı çok mutlu oldu. Saraydaki herkese izzet ve ikramda bulundu. Çünkü artık kendisinden sonra tahta geçecek bir oğlu dünyaya gelmişti. Şah, derhal sultanın odasına giderek:

- Benim sevgili sultanım! Sen neden hiç kimseyle konuşmuyorsun? Benim mutluluğum senin dudaklarından dökülecek sözlerle daha da artacak, dedi.

Hanım sultan samimi bir sesle:

- Ey sevgili şahım! Ben, senin sarayına bir esir olarak geldiğim halde sen bana şefkatle davrandın. Beni sarayının sultanı yaptın. En güzel incili elbiseler, mücevherler ve gerdanlıklarla beni bahtiyar ettin. Fakat düşün ki ben de bir padişah kızı olmama rağmen sana esir olarak geldim.

Şah çok şaşırdı ve birdenbire:

- Nasıl? Sen bir padişah kızı mısın? dedi.

Hanım sultan biraz daha içtenlikle:

- Ben, Deniz gülüyüm. Kardeşim Selahaddin Şah denizin derinliklerindeki en güzel ve zengin

memleketlerde hüküm sürüyor. Bir gün kendisiyle kavga ettik. Geçen yıl bizim memleketimiz düşman saldırısına uğradı ve sarayımız yıkıldı. Kardeşim, beni düşmanların eline bırakmamak için yeryüzünde hüküm süren bir padişahın oğluyla evlendirmek istedi. Onun bu kararı üzerine ben de çok üzülerek denizin derinliklerinden kaçtım. Bu adanın bir kenarına çıktım. Fakat işte orada bir adam beni yakalayarak sizin huzurunuza çıkardı ve bana bir esir gibi davrandı.

Şah, hanım sultana:

- Lakin ben sizi bir esir olarak görmedim, dedi.

Deniz gülü sessizce:

- Hayır! Ben, sizden çok memnunum. Yalnız bu saraya sultan olduktan sonra artık buraları bırakamadım. Pekâlâ, biliyorum ki, siz beni çok seviyorsunuz. Fakat ben tekrar kardeşimin memleketine dönmek istiyorum. Artık bir evladınız var.

Deniz gülü hizmetçilerinden birisine, bir tütsü* getirmesini emretti ve tütsüyü yaktı. Tütsüden yayılan güzel ve nefis koku, açık pencereden çıkarak uzaklara gitti. Deniz gülü anlaşılmayan bir dil ile birkaç cümle söyledi...

Bunun üzerine deniz kabarmaya ve dalgalar büyüyerek ayrılmaya başladı. Birkaç dakika

* Tütsü: Çevrenin güzel kokmasını sağlamak amacıyla yakılan kokulu bir madde.

sonra suların ortasından bir adam çıktı. Bu adam, başında elmastan bir taç bulunan genç ve yakışıklı bir adamdı. Birçok hizmetçi ve asker onun etrafını kuşatmıştı.

Selahaddin Şah, yanındakilerle beraber dalgaları aşarak karaya çıktı ve doğruca saraya girdi. Kız kardeşini orada gördü ve:

- Pek değerli ve güzel kardeşim, Deniz gülü! Ben bütün düşmanlarımı kovdum. Onların hepsini büyük ve güzel memleketimden temizledim. Savaştım, hepsini yenerek muzaffer oldum. Artık memleketine dönebilir ve istediğin bir deniz şehzadesiyle evlenebilirsin, dedi.

Deniz gülü, kardeşi Selahaddin Şah'a:

- Aziz ağabeyim Selahaddin, görüyorsun ki ben artık evlendim. İşte eşim İran şahı ve işte küçük oğlumuz!..

Selahaddin Şah, çocuğu kucağına aldı ve denize doğru koşarak suların arasında kayboldu. İran şahı bu durum karşısında dehşet ve hayretler içinde kaldı.

Deniz gülü, telaşlanan şaha:

- Merak etme şahım! Kardeşim Selahaddin Şah'ın ne yapacağını ben biliyorum. O, çocuğumuzun bütün denizde yaşayanlar gibi suyun içinde de yaşayıp yaşamadığını anlamaya gitti, dedi.

Biraz sonra Selahaddin Şah, çocuğu kolları arasında gülümseyerek tekrar saraya getirdi.

Küçük şehzade, suyun içinde de karada olduğu gibi yaşayabiliyordu.

İran şahı şaşkın bir ifadeyle:

- Allah'ım! Bu ne garip bir gün? Eğer bütün bunları gözümle görmesem inanamazdım, dedi.

İran şahı, denizin dibindeki bu garip memleketleri gezemeyeceği için çok üzüldü. Ancak Deniz gülü ile Selahaddin Şah, mavi suların derinliklerinde geçen güzel ve hayret verici hikâyelerle şahın bu merakını az da olsa giderdiler.

(Çocuk Dünyası, Sayı 66, 25 Haziran 1914)

HAK ER YA DA GEÇ ANLAŞILIR

Arap tüccarlarından biri, Halep'ten İstanbul'a bir miktar ipek götürmek istiyordu. Yolda rastladığı bir deveciyle anlaşarak ipekleri ona teslim etti ve beraberce yola çıktılar. Ancak Arap tüccar seyahat esnasında hastalandığı için kervan kendisinden birkaç gün önce İstanbul'a ulaştı.

Deveci, tüccarın hastalıktan vefat ettiğini zannederek bütün ipeği sattı. Aynı zamanda deveciliği de bıraktı. Tüccar da çok geçmeden İstanbul'a ulaştı. Uzun uğraşlar sonucunda deveciyi buldu ve emanet ettiği ipeği istedi. Deveci, Arap tüccarı tanımadığını ve ömründe asla devecilik yapmadığını söyleyerek eski halini inkâr etti. İş mahkemeye düştü. Tüccar ile deveci, kadı huzuruna çıktılar. İki tarafın da ifadelerini beyan etmeleri üzerine kadı:

- Meydanda şahit ve delil yoktur, diyerek deveciye yemin etmesini söyledi. O da yemin edince, Kadı:

- Davanız bitti, dedi ve pencereye çıktı.

İki taraf artık mahkeme kapısından birlikte dışarıya çıkarken kadı yüksek bir sesle:

- Deveci! Deveci! Bana bak sen hey...diye çağırdı.

Deveci, daha önce devecilik yapmadım dediğini birdenbire unutarak hemen yüzünü çevirip kadıya dik dik baktı. Kadı durumu anlayınca derhal deveciyi geri çağırttı. Bir incelemeden sonra deveci hilekârlığını itiraf etti. Kadı ise sattığı ipeğin karşılığını tüccara iade etmesi hükmünü verdi. Deveci, yalan yere yemin ettiği için ayrıca bir ceza daha aldı.

(Etfal Gazetesi, 17 Şubat 1886)

BAHADIR ŞAH'IN BİR MACERASI

Bundan asırlar önce Türkistan'da büyük bir Türk devleti kuran Bahadır Şah vardı. Bu Şah çoğu zaman tebdil-i kıyafet* gezmeye çıkardı. Memleketinin her tarafını gezdikten sonra sarayına geri dönerdi.

Bahadır Şah, kendisini o kadar çok değiştirmeye çalışırdı ki, vezirleri bile onu tanıyamazdı. Beyaz, geniş ve uzun bir kıyafete sarılır, dervişlerin giydiği kavuğu başına geçirir ve derviş kılığına girerdi. Ayaklarına da terlik giyer, katırın üzerinde ayaklarını sallar dururdu. Kendisini uzaktan görenler kambur bir ihtiyara benzetirler,

* Tebdil-i Kıyafet: Kılık değiştirmek.

ona dikkat bile etmezlerdi. Şah, bu halde yapayalnız uzaklara kadar gider, ülkesinin her tarafını gezer ve milletinin en gizli hallerini öğrenirdi.

Koca Türk padişahı yine bir gün tebdil-i kıyafet sarayından çıktı. Türkistan'ın başşehri olan Ötüken'in kapısından çıkıp uzaklaşmaya başladı. Ufukta kırmızı bulutlar, büyük Ötüken şehrine, yüksek minareli Türk camilerine ve muhteşem saraylarına başka bir güzellik katıyordu. Bahadır Şah memleketin bu güzelliğini seyrederek kendisinden adalet isteyen milletini düşünerek çok uzaklara gitti. O kadar çok uzaklaştı ki, artık büyük şehrin en yüksek evleri, minareleri bile görünmez oldu. Güneş çoktan batmış, ay uzaktaki dağların üzerinden çıkmıştı. Gökyüzünde yıldızlar birer birer parlıyor, Türk heybetini gören göğü süslüyordu. Fakat Bahadır Şah sürekli ilerliyordu.

Dağları, ormanları, dereleri ve tepeleri aşan padişah, çukur bir yere girdi. Yanına düşen iki taştan şüphelenerek sol tarafına baktı. Sekiz tane eşkıya, Bahadır Şah'ın önünü kestiler ve kendisini soymak istediler. Bahadır Şah, eşkıyalara aldırmayarak yoluna devam etmek istedi. Fakat hepsi birden hücum edip şahı bineğinden indirdiler. Bahadır Şah kendisini korkak adamlara benzeterek gözlerini açmış, hiç sesini çıkarmıyordu. Haydutlar, bir şey yakalamak için uğraşıyorlar, fakat değerli hiçbir şey bulamıyorlardı. Bu duruma kızan haramilerden birisi kaba bir sesle:

- Çıkar keseni!.. diye haykırdı.

Bahadır Şah ayağa kalkarak elbisesini silkti ve gülerek ceplerinin içini dışına çıkardı. Bu hal haydutları büsbütün kızdırdı. Çünkü Türkler o kadar zengindi ki, en fakirinin bile kesesi daima altınla dolu olurdu.

Haydut:

- Ne?.. Üzerinde bir altın, bir mücevher bile yok mu? diye sordu.

Hepsi birden Bahadır Şah'ı inceden inceye aradılar, taradılar. Hiçbir şey bulamadılar.

İçlerinden birisi:

- Olsun... Olsun... Öldürelim... diye söylendi.

Haydutlardan daha akıllı olanı:

- Bırakın... Belki bize faydası dokunacak bir iş bilir, dedi.

Diğer haydut, Bahadır Şah'a:

- Hey bana bak!.. Ne yapmasını bilirsin? diye sordu.

Koca bahadır bu soruya cevap vermek için hiç düşünmedi. Çünkü o, çok becerikliydi. Dimağı gibi eli de gayet sağlam ve birçok maharetle süslenmişti. Bütün Türk padişahları gibi o da daha çocukluğundan beri birçok şeyler öğrenmişti.

Bahadır Şah:

- Ne istersiniz? diye sordu.

Haydut:

- Kundura yapmayı bilir misin? Bu sayede belki birkaç altın kazanırız. Haydi bakalım, ya ölüm ya kundura. İkisinden birini seç!

Bahadır Şah:

- Pekâlâ. Size çok pahalıya satılacak kunduralar yaparım, dedi.

Bunun üzerine Bahadır Şah'ı haydut yuvası olan bir mağaraya götürdüler. Oturacak bir yer gösterdiler ve başına da iki tane nöbetçi diktiler. Kadınlar ve erkekler için güzel ve süslü kunduralar yapmaya başladı.

Ahali bu güzel, şirin ve aynı zamanda ustalık işi olan kunduraları kapışa kapışa satın aldılar. Haydutlar, satılan kunduralar sayesinde çok altın kazandılar. Fakat hiç kimse kunduraları kimin yaptığını ve pazara kimin getirdiğini bilmiyordu.

Saraydakiler, Bahadır Şah'ı göremeyince, odasında dinlendiğini ve kimseyi kabul etmediğini düşünüyorlardı. Hizmetkârlar, saraydaki sultanlara Bahadır Şah'ın yaptığı meşhur kunduralardan sık sık alıyorlardı. Bahadır Şah haydutların içinde çok uzun süre kaldığından onların her şeyini biliyordu. Nasıl yaşadıklarını, neler giydiklerini hepsini öğrenmişti. Artık bu eşkıyaların elinden kurtulmak istiyordu.

Yaptığı bir kunduranın içine kendi başından geçen olayları yazdığı küçük bir not bıraktı.

Cahil olan haydutlar bundan hiç şüphelenmeyerek kundurayı pazara götürüp ihtiyar bir esnafa sattılar. İhtiyar esnaf, gayet güzel yapılan bu kunduranın içindeki notu okudu. Hemen sarayın yolunu tuttu. Bahadır Şah'ın kunduranın içine bıraktığı notu okuyan muhafızlar durumu anlayıp hemen vezire haber verdiler. Vezir yanına kalabalık bir ordu alarak eşkıyaların bulunduğu mağarayı bastı. Eşkıyaların hepsi yakalanarak mahkemeye çıkartıldı. Büyük bir suç işlediklerine karar verilerek cezalandırıldılar. Böylece Türk padişahı Bahadır Şah da özgürlüğüne kavuştu.

(Türkoğlu, Çocuk Dünyası, Sayı 38, 10 Şubat 1914)

SADRAZAMA MEKTUP

Mahmut ve Ömer adında iki kardeş vardı. Bu iki kardeş anne ve babalarını kaybedince çaresiz kaldılar. Beyoğlu'nun sefil mahallelerinden birinde hayatta kalma mücadelesi veriyorlardı. Mahmut ve Ömer kardeşler, kimi zaman çarşı pazarda su satıyor, kimi zaman ayakkabı boyayarak karınlarını doyuruyorlardı. O kadar sefil haldeydiler ki, bazı geceler aç karnına yattıkları bile oluyordu.

Mahmut, kardeşi Ömer ile bir gün karton toplamaya çıktı. Beyoğlu meydanındaki kalabalığı görünce oraya koştular. Şehrin bütün ahalisi şaşkın ve hayran bakışlarla sadrazamın* geçiş merasimini** seyrediyorlardı. Bu iki kardeş de bu duruma şahit oldular. Etrafı muhafızlarla dolu olan sadrazamın, yardımcılarıyla birlikte Beyoğlu'ndaki hükümet konağına doğru gittiğini gördüler. Daha sonra kalabalık dağılınca iki kardeş de oradan uzaklaştı.

Bir gece yine karınlarını doyuracak bir şey bulamayan çaresiz kardeşler aç kaldılar. Mahmut kendi kendine:

- Kimse bize yardım etmiyor. Hiçbir dostumuz, koruyanımız yok. Bir gün burada açlıktan öleceğiz. Bu insanlar bize niçin yardım etmiyor? diye sordu.

Küçük kardeşi Ömer:

- Geçen gün geçiş merasiminde sadrazamı gördün mü? dedi.

Mahmut heyecanla:

- Aaa! Evet, sadrazamı da, yardımcılarını da gördüm, dedi.

Ömer:

- Sadrazam nasıl birisi? Söyle bakalım... dedi.

Ağabeyi Mahmut:

- Çok iyi tabiatlı bir insana benziyor. Çünkü ahaliye karşı sürekli tebessüm ediyordu. Meydandaki herkes bu tebessüme karşılık olarak

*Sadrazam: Osmanlı Devleti'nde başbakan, veziriazam.
** Merasim: Tören.

"Çok yaşa paşa! Çok yaşa paşa! Çok yaşa paşa!.." diye nida ediyorlardı.

Ömer:

- Peki, başında fesi var mıydı? diye sordu.

Mahmut:

- Evet, bütün devlet görevlilerinde olduğu gibi sadrazamın başında da kırmızı bir fes vardı. Ah ne kadar onurlu bir adam! Bizim gibi saf yürekli yavrularını düşünen bir baba kadar cömert! Ah bizim halimizi bir bilse... dedi.

Ansızın bir ilhamla çehresi parlayan Ömer:

- Abi! Bu halimizi sadrazama yazsak ya!..diye haykırdı.

Sonra heyecanla ağabeyinin cevabını bekledi. Mahmut bu fikri düşündü, bir anda utandı ve kıpkırmızı bir halde:

- Aslında güzel fikir. Elbet bir konuda rica ederek mektubu kabul ettirebiliriz... dedi.

Ömer devam etti:

- Mektubu güzelce zarflayıp üzerine de "Beyoğlu Hükümet Konağı" ibaresini ve sadrazamı da yazarız. Mektubu, posta kutusuna atarsak muhakkak yerine ulaşır, dedi.

Ömer, bu sözleri büyük bir güven ve samimiyetle söylüyordu.

Mahmut:

- Öyleyse yatmadan önce yazayım, ikimizin de şansı varmış. Vaktinde mektebe gitmiştim ve okuma yazmayı biliyorum, dedi.

Mahmut böyle diyerek, divan arasındaki odanın karanlık bir köşesine çekildi. Babasından kalma beyaz bir ahşap sandık buldu ve sandığın iple bağlı olan kapağını açtı. İçinden birkaç damla mürekkep bulunan mavi bir şişe, eski demir kalem, bir mektup kâğıdı ve zamanla sararmış bir zarf çıkardı. Mahmut sandığın kapağını kapatırken kendi kendine:

- Bize lazım olan şeyleri bulduk. Mürekkebe birkaç damla su damlatırsam herhalde zararı olmaz, dedi.

Birkaç dakika içinde kandili yakarak odanın ortasına koydu ve yere oturdu. Sadrazama yazacağı mektuba nasıl başlayacağına bir türlü karar veremedi. Nihayet aklındakını kararlaştırarak mektuba şöyle başladı:

Sadrazam Hazretleri! Ben ve kardeşim Ömer, Tarlabaşı'nda (Beyoğlu'nda fakir bir mahalle) hayata zor şartlarda tutunmaya çalışan iki kardeşiz. Bu hayatta ne annemiz var, ne de babamız... Bir tavan arasında yaşamaya çalışıyoruz. Karnımızı doyuracak paramız da yok, aç ve susuz, hayatta kalma mücadelesi veriyoruz. Annemiz ve babamız vefat etti. Sizden başka şefkatli kollarını açacak kimsemiz yok.

Kardeşim Ömer'e bakmak için nasıl para kazanacağımı bilemiyorum. Açlıktan öleceğiz diye korkuyoruz. Herkes, sizin cömert birisi olduğunuzu söylüyor. Esasen ben de böyle biliyorum. Çünkü geçen gün sizi Beyoğlu Meydanı'ndan Hükümet Konağı'na geçerken görmüştüm. Sizin o tebessüm eden yüzünüzde şefkat ve merhamet duygusunu gördüm. Kardeşimle ben hiçbir şeye sahip değiliz. Yarın karnımızı doyuracak paramız bile yok. Eğer komşulara soracak olursanız, size gerçeği yazdığımı söyleyeceklerdir. Saygılarımla Efendim!

Mahmut

Mektup burada bitiyordu. Fitili tükenmek üzere olan kandil çatırdamaya başladı. Daha yapılacak işler vardı. Mektup zarfa yapıştırılıp üzerine adres yazılacaktı.

Ömer, abisinin yanına gelerek:

- Abi! Acaba sadrazam bize yardım eder mi dersin?

Mahmut, mektubu zarfa koydu ve zarfı yapıştırırken:

- Zannetmem! Bence hizmetkârlarından birini gönderir. Fakat bu zarf yapışmıyor Ömer. Acaba bir iple bağlasak mı?

Bunun üzerine Mahmut cebinden çıkardığı iple mektubun etrafını birkaç defa sardı. Sonra zarfın köşesine büyük harflerle şu notu yazdı:

"Sadrazam Paşa Hazretlerine, Beyoğlu Hükümet Konağı'na!"

İki kardeş de yaptıkları işten memnundular. Birkaç güne sadrazamın eline ulaşacak olan bu mektubu heyecanla ellerinde tutuyorlardı.

Mahmut:

- Mektubu postaya bırakmak için yarını bekleyemem. Sen yat uyu Ömer. Ben de hızla mektubu götüreyim, diyerek çamurlu ayakkabılarını giydi ve sokağa fırladı. Posta kutusunu kolaylıkla bularak mektubu aralıktan kutuya bıraktı. Artık ümitliydi.

Eve döndüğünde tavan arası karanlıktı. Mahmut karanlıkta uyumaktan korkmuyordu, buna alışkındı. Çok yorulmuştu, uzanır uzanmaz uykuya daldı. Küçük Ömer ise çoktan uyumuş hatta rüya bile görüyordu. Rüyasında, lacivert elbiselerinin dikiş yerlerine kadar altın sırmalarla süslü muhafızlar görüyordu. Bu muhafızlar, ıkı kardeşi sadrazamın konağına götürüyordu. Rüya burada bitiyordu.

Aradan yaklaşık iki üç gün geçmişti. İki yetim kardeş her zaman olduğu gibi bu gece de yarı aç ve yarı susuz olarak uyudular. Sabah uyandıklarında dışarıda atlı bir araba gördüler. Başında kırmızı fesi ve üzerinde altın sırmalarla süslü ve parlak nişanlarla bezenmiş lacivert üniformalı bir muhafız kapıya dayandı. Ömer hızla koştu ve kapıyı açtı. Arkasından da ağabeyi Mahmut geldi.

Muhafız:

- Beyoğlu hükümet konağından geldim. Sadrazam efendimiz hazretleri sizleri konağında ağırlamaktan memnuniyet duyacağını bildirdiler. Konağa teşrif buyurmanız, sadrazam hazretlerini çok sevindirecektir, dedi.

Ömer sevincinden ağladı ve ağabeyi Mahmut'a sarıldı:

- Rabbime şükürler olsun abi! İki gün önce gördüğüm rüya gerçek oldu. Artık bu sefilane hayattan kurtulacağız inşallah. Allah, sadrazam efendimize sağlık ve afiyet versin, dedi.

Konağa getirdikleri iki yetim kardeşin karnını doyurdular ve üstlerini başlarını güzelce giyindirdiler. Daha sonra muhafızlar Mahmut ile Ömer'i kimsesizler mektebine götürdüler. Bu mektep hem kimsesiz çocuklara eğitim veriyor, hem de onları barındırıyordu. Artık iki kardeşin de sığınacak evleri ve birçok arkadaşları vardı.

(Aksaray'dan M. Süleyman, Çocuk Dünyası, Sayı 31, 23 Ekim 1913)

ADALETLİ BİR PADİŞAH

Orta Asya'nın uçsuz bucaksız topraklarında bir Türk padişahı yaşardı. Bu padişah, ülkesinde yaşayan bütün halkına adaletle hükmederdi. Refah ve mutluluk içinde yaşayan halk, bu ülkede kendilerini güvende hissederdi. Diğer komşu ülkelerde zulme uğrayan insanlar adaletli padişaha sığınır ve ondan yardım isterlerdi. Padişah da zulme uğrayanlara yardım eder, zalimleri cezalandırırdı.

Padişah, adaletli olduğu kadar çok da zengindi. Kendisine büyük bir saray yaptırmak için adamlarına emir verdi. Saray uzun süren çalışmalar sonucunda tamamlandı. Çok büyük ve ihtişamlı olan sarayın etrafı oldukça yüksek ve geniş surlarla çevriliydi. Bu surlar o kadar sağlamdı ki, onları aşabilmek imkânsızdı. Sarayı çepeçevre saran surların, devasa yükseklikte dört kapısı bulunuyordu. Saraya ancak bu dört kapıdan girilebilirdi. Başka hiçbir ülkede bu kadar gösterişli bir saray o güne kadar yapılmamıştı.

Bu muhteşem sarayın önünden uzanan uçsuz bucaksız yemyeşil ovalar, vadiler, ormanlar, dağlar ve tepeler yer alıyordu. Yükseklerden akan şelalelerin ve ırmakların şırıl şırıl su sesleri ve ormanların derinliklerinden gelen kuşların, böceklerin sesleri sarayın her tarafından işitiliyordu. Yüksek bir tepeliğe yapılmış olan sarayın bütün odalarından bu muhteşem manzara görülebiliyordu. Bütün bu güzellikler, sarayda yaşayan herkese adeta huzur veriyordu.

Saray bahçesinin yakınında, en işlek bir köşede, ihtiyar bir adamın kulübesi bulunuyordu. Padişah, bahçedeki bu eski kulübeyi satın alıp yıktırmak istedi. Pazarlık etmek için vezirini ihtiyar adama gönderdi. Vezir, kulübeye ulaşıp ihtiyara dedi ki:

- Ey ihtiyar, sen çok bahtiyarsın. Çünkü koca bir padişah senin kulübeni satın almak istiyor. Bu kulübe on altın etmezken sana yüz altın verecek!

İhtiyar adam kararlı ve kendinden emin bir şekilde:

- Hayır, ben kulübemi yüz altına satmam! dedi.

Vezir tekrar:

- Padişah iki yüz altın veriyor!

İhtiyar, inadını sürdürerek devam etti:

- Hayır, hayır! Ben bu kulübeyi iki yüz altına da bin altına da satmam. Çünkü dedem ve babam bu kulübede yaşadılar ve öldüler. Ben de bu kulübede ihtiyarladım, Allah nasip ederse yine bu kulübede öleceğim...

Vezir, saraya geri dönerek padişahın huzuruna çıktı ve dedi ki:

- Hünkârım, ihtiyar inat ediyor. Ne kadar altın verdiysek satmayacağını söylüyor. Emir buyurunuz kulübesini zapt edelim!

Padişah itiraz ederek:

- Hayır! Bunu istemem, dedi.

Vezir, o vakit dedi ki:

- Başka çaresi var mıdır efendim? Bu güzel sarayın karşısında böyle bakımsız, harabe bir kulübe olur mu?

Vezir, sözlerine şöyle devam etti:

- Sarayı görenler, "Saray pek güzel ama kulübe güzelliğini bozuyor." diyecekler ve şüphesiz, "Padişahta şu kulübeyi satın alacak yeterli altını ve kudreti yokmuş." diye düşünecekler.

Bunun üzerine padişah, vezire cevaben dedi ki:

- Hayır, senin düşündüğün doğru değildir. Saraya kim bakarsa, padişahta çok altın varmış ki, böyle bir saray yaptırabilmiş, diyecek... Sonra şu kulübeyi görüp, amma da adaletli padişahmış ki böyle eski bir kulübeyi yıktırmamış, hükmünü verecek!

(Çocuk Dünyası, Sayı 1, 27 Mart 1913)

MİDİLLİ

Zeki Bey, çok merhametli ve akıllı biriydi. Bir gün midillisini* bağladığı ağaçtan çözmeye gitti. Bir de ne görsün? Midilli ipini koparıp kaçmış. Nereye gittiği belli olmayan bu hayvan, kaybolmuştu. Uzun bir süre aradıktan sonra midillisinin karşı tepelikte otladığını gördü. Hemen koşarak yanına vardı. Elini yularına uzatıp yakalayacağı sırada, hayvan birdenbire tekme atarak dörtnala koşmaya başladı. Zeki Bey, midillinin savurduğu tekmeden kıl payı kurtuldu. Ama midilliyi kaçırdığı için de çok üzüldü.

* Midilli: Küçük boylu bir tür at.

Kaçan midillinin peşine düşen Zeki Bey saatlerce onu aradı. Nihayet ormanın derinliklerinde otladığını gördü ve derin bir oh çekti. Onu, arpa veya saman yedirerek yakalamayı düşündü. Fakat arpa ile samanı verecek bir yemlik, midilliyi bağlayacak bir yular bulamadı. Kendi kendine:

- Arpa yoksa taze ot var ya, taze ot da yer. Yemlik ile vereceğim otu da başımdaki fesle veririm. Yular için bir şey istemem. Çünkü midillinin yuları, başlığı ve her bir takımı kendi üstündedir. Bu halde onu çok kolay tutabilirim, diye düşündü.

Zeki Bey, üç beş avuç yeşil ot koparıp fesinin içine koydu. Bu esnada çayırlıkta toprak eşmekle meşgul olan bir adam gördü. O adam:

- Ot ile ne yapmaya gidiyorsunuz? diye sordu.

Zeki Bey, kendisine soru soran bu adama:

- Elimden kaçan midillimi bu ot ile tutacağım, dedi.

Bunun üzerine adam:

- Kendinize gereksiz yere sıkıntı veriyorsunuz. Fesi boş tutmuş olsanız daha iyi olur. Çünkü midilli ta yanınıza gelinceye kadar, fesin içinde bir şey olmadığını göremez. Herhalde ot olduğunu zanneder. İşte yanınıza gelip fesin içine bakarken onu hemen yularından tutabilirsiniz, dedi.

Zeki Bey kendisinden emin bir sesle:

- Hayır! Eğer öyle yaparsam ona hile yapmış olurum. Ben bir insan değil, bir hayvana bile böyle bir şey yapılmasını istemem, dedi.

Adam:

- Çok merhametlisiniz. Bildiğiniz gibi yapın o zaman, dedi.

Zeki Bey:

- Eğer ona bir kere hile edersem onu kandırmış olurum. Bir daha bana güvenmez, dedi.

Bunun üzerine Zeki Bey fesinin içine bir miktar yeşil ot koyarak midillinin yanına gitti ve otu ona gösterdi. Bunu gören midilli usulca sahibinin yanına sokuldu. Zeki Bey, midillinin başını ve boynunu okşadı. Bir anda yularını tuttu ve onu yakaladı. Daha sonra üzerine binerek evinin yolunu tuttu.

(Çocuklara Arkadaş, Sayı 3, 1 Mayıs 1881)

HİNT DENİZİ'NDE BİR FIRTINA

Takvimler haziranı gösteriyordu. Yirmi üç haziran günü arkadaşımla beraber Afrika'nın güney sahillerine açıldık. Ümit Burnu'nu dolaştık, Mozambik Kanalı'na girecek bir yer arıyorduk. Hava gayet güzeldi. Hafiften esen güney rüzgârı tarafından karşılandık. Ufukta kırmızı vapura benzeyen kızıl renkte, kuştan daha hızlı ilerleyen bulutlar görünüyordu.

Fakat denizde, art arda sıralanmış birbirine bağlı dalgalar oluşmaya başladı. Bu yüksek ve uzun mavi dalgaların her biri iki üç kat yükseliyordu. Rüzgâr çarptıkça dalgaların oluşturduğu su tepecikleri yarılıyor, meydana getirdiği su kütleleri mavi, yeşil ve pembe renk cümbüşüne bürünüyordu. Daha fenası, rüzgâr, o tepecikleri yerinden oynatarak bir kemer büyüklüğünde yelken açıyor, kendi etrafında dönüyordu.

Gemimizi çepeçevre saran dalgalar köpürüyor, adeta ejderha gibi inliyordu. Aklımızı başımızdan alan bu atmosfer karşısında şaşırıp kalmış, telaşa kapılmış, ne yapacağımızı bilmiyorduk. Yelkeni de sabahleyin rüzgâr götürmüştü. Artık geminin idaresi elimizden çıkmış, rüzgârın emrinde oyuncak olmuştu. Ben de geminin güvertesinde bir tarafa büzülüp oturdum. Yaşanan korku dolu dakikalar ve dehşet veren bu manzara karşısında elim kolum bağlandı. Dehşetli denizin bu tesirinden kurtulmanın çarelerini arıyordum.

Ne çare ki korktuğumuz malesef başımıza geldi. Sarp dağları andıran o dev dalgalardan birisi bize doğru yaklaşıyordu. Gemiye çarpmasıyla tepemizi aştı. Bu korkunç dalgaların gemiye isabet etmesiyle gemimiz devrildi. Alt üst olan gemi yükseliyor, birdenbire aksi tarafa yıkılıyordu. Yakınımdaki arkadaşımla konuşmak mümkün olmadığı gibi, attığımız çığlıklar bile duyulmuyordu. Güverteden çıkıp kendimi suya bıraktım. Fakat arkadaşım geminin suya gömülen kısmında kaldı.

Üzerimize adeta bir köpük ırmağı akıyordu. Rüzgârın ıslıkları, vahşi aslanların kükremesini andırıyordu. Ufukları seyre daldım, masmavi bir çölü andıran denizin ortasında yapayalnız kaldım.

Dalgalar gemide mahsur kalan arkadaşımı benden koparmıştı. Gemi, yavaş yavaş uzaklaştı ve sonunda gözden kayboldu. Artık bu tufan ortasında bir başıma kaldım. Hırçın sularla mücadele ediyordum. Dalgalar, beni denizin dibine çekiyor, boğulacakken tekrar havaya fırlatıyordu. Kendimi dalganın akıntısına bıraktım.

Bir anda kendimde bir cesaret hissettim. Çünkü her an ölebileceğim aklıma geliyor, bu düşünceyle yüreğim kaskatı kesiliyordu. Bu şekilde sekiz saat boyunca denizde kaldım. Gücüm, kuvvetim kalmamıştı. Tam kendimi suya bırakmıştım ki ayağım kuma değdi. Kurtulma umuduyla kollarımı tekrar açtım. Yavaş yavaş yüzerek kıyıya ulaşmayı başardım. Etrafıma şöyle bir bakındım. Sonra kimsenin yaşamadığı ıssız bir adada olduğumu anladım.

Bir yandan kurtulmanın sevincini yaşarken, diğer yandan arkadaşımı kaybetmenin acısını yüreğimde hissediyordum. Birkaç saat hüzünlü bir şekilde kıyıda bekledim. Nihayet kıyıya yakın geçmekte olan yolcu gemisindeki insanlar beni fark etti. Hemen kaptana beni göstermişler. Kaptan da beni kıyıdan almaları için sandalla iki kişi gönderdi. Sandal vasıtasıyla yolcu gemisine ulaştık. Gemi yolculuğunun ardından sağ salim memleketime ulaştım, ama arkadaşımı hiçbir zaman unutamadım.

(Muallim Yunus Nadi, Yeni Yol, Sayı 99, 4 Şubat 1926)

MERHAMETLİ PADİŞAH

Türkistan'da adil bir padişah vardı. Bu padişah adaletli ve dürüst olduğu kadar merhametiyle de tanınıyordu. Fakat ülkesinde kendisine karşı asi olan güçlü iki adam vardı. Bu iki adam halka zulmettiği için, padişah adaletini layıkıyla yerine getiremiyordu.

Adil padişahın memleketi küçük olmasına rağmen sarayı hazineler, altınlar ve mücevherle doluydu. Zalim adamların zulmünden bıkmış ahali, adaletli padişaha sığınıyordu.

Bir gün bu zalim adamlar, köylü bir çiftçinin ekip biçtiği tarlayı, bağı bahçeyi zorla ele geçirdiler. Çaresiz kalan köylü, saraya kadar gelerek padişahtan yardım istedi. Adil padişah bu duruma çok üzüldü. Mağduriyetinden dolayı kendisine üç kese altın vererek köylüyü gönderdi. Halkına yapılan bu zulmü engellemek ve adaletini layıkıyla yerine getirebilmek için bir çare düşündü.

Adil hükümdar, bu zalim adamları sarayına davet ederek onlara güzel bir ziyafet çekmek ve sarayını gezdirmek istedi. Bir elçi ile mektup gönderdi. Mektupta, "Siz, kıymetli halkımın birer fertlerisiniz! İkinizi de sarayımda düzenleyeceğim büyük ziyafetime davet ediyorum. Yemekten sonra bu ihtişamlı sarayımın zenginliklerini sizlere göstermek isterim. Davetime icabetiniz beni fazlasıyla memnun edecek ve sarayıma şeref vereceksiniz!" yazıyordu. Açgözlü iki adam, hemen bu teklifi kabul ettiler. İki işbirlikçi, adil padişahın sarayına geldiler.

Padişah bunların karnını güzelce doyurdu. Yemekten sonra sarayın her tarafını beraberce gezdiler. Sarayı gezen adamlar, küp küp altınları ve çeşitli mücevherle dolu odaları gördüler. Gördükleri bu manzara karşısında adeta hayran kaldılar ve şaşkınlıklarını gizleyemediler:

- Sultanım! Bu kadar çok altına ve zenginliğe nasıl sahip oldunuz?

Adil padişah:

- Bu koca ülkenin padişahıyım. Ben eğer topraklarımda yaşayan bütün insanların hükümdarıysam huzuru, refahı ve adaleti temin etmek zorundayım. Haksızlığa uğrayanların daima yanında oldum. Hiçbir zaman halkıma zulmetmedim, Allah zalimleri sevmez.

Her cuma günü ahaliye birer ikişer altın dağıtarak ihsanlarda bulunurum. Bu sebepten dolayı topraklarımda bolluk, bereket çokça olur, ülkemde açlık ve sefalet çeken kimse olmaz, dedi.

Bu iki adam, padişahın konuşmasından çok etkilendiler. Bunca zamandır ahaliye yaptıkları zulümden dolayı çok pişman oldular.

Zalim adamlardan biri:

- Devletlü padişahım! Biz sana karşı asi olduk. Halkına zulmettik, insanların kalbini kırdık. Yaptıklarımızdan çok pişman olduk. Biz bugün burada anladık ki, dürüstlükten ve adaletten güzel bir davranış yoktur. Siz, güç ve kudret sahibisiniz, bizi affetmenizi isteriz sultanım. Bir köylünün toprağını da zorla elinden aldık. Onu sahibine teslim etmek isteriz, dedi.

Padişah, bu durumdan çok memnun oldu. Sevinci gözlerinden anlaşılıyordu. Pişman olan bu adamlara şöyle cevap verdi:

- Hazreti Allah, pişman olup tövbe edenleri affeder. Onun için, önce Rabbinizden af dileyin. Ben, sizi affettim. Köylüden zorla aldığınız tarlayı da vermenize gerek yok. Tarlanın değeri miktarınca altını toprak sahibi köylüye verdim. Artık benim malım olan bu tarlayı size bağışlıyorum, dedi.

Bu iki adam mutlu mesut padişahın huzurundan ayrıldılar. Böylece padişah adaletini bir kere daha gösterdi.

(Çocuk Dünyası, Sayı 54, 2 Nisan 1914)

ŞEREFLİ AKIBET

Sonbaharda denizin fırtınalı olduğu bir gündü. Fransız bayraklı bir gaz gemisi, Rumelikavağı önlerinde hırçın bir akıntıya kapıldı. Çılgın dalgalarla boğuşmaya başladı. Kaptan, gemisini bekleyen tehlikeyi anlamıştı. Demir atıp sığınacak kuytu bir yer arıyordu.

Karşıda bulunan Kavak Koyu'nu gördü. Hürriyetine kavuşmuş bir tutsak gibi sevinç ve gurur içindeydi. Dümende hızlı ve ustaca manevralar yapıyor, gemiyi Kavak Koyu'na ulaştırmaya çalışıyordu. Her başarılı hareketinde hayata sımsıkı tutunmanın sevincini yaşıyordu.

Bu sırada Karadeniz'den şanlı Türk bayrağı dalgalandıran Deniz Yıldızı adında küçük bir yolcu gemisi geliyordu. Deniz Yıldızı'nın birdenbire Fransız gemisinin önüne çıkmasıyla büyük bir çarpışma meydana geldi. Bu çarpışmanın şiddetiyle müthiş bir gürültü koptu... Birkaç saniye içerisinde ufukları sarsan korkunç gürültü, sanki bu felaket yolculuğunun yanık feryadıydı.

Deniz Yıldızı, makine dairesinde açılan çatlaktan sürekli su alıyordu. Çatlayan kısım oldukça genişti. Yapılan çalışmalar hiç fayda vermiyordu... Su adeta çılgın bir sel gibi hücum ediyor, gemiyi ölüm uçurumuna sürüklüyordu.

Tehlike gittikçe artmaya başladı. Kahraman kaptan büyük bir soğukkanlılıkla gemiyi kıyıya ulaştırmaya çalışıyordu. Bir ara makineci ile aralarında şu konuşma geçti:

Kaptan:

- Makineci Demiray! Ocak nasıl?

- Battı kaptan!

- Peki ya ateş...

- Sönüyor!..

Bacadan korkunç dumanlar püskürüyordu. Artık karaya çıkabilme imkânı kalmamıştı. Zavallı Yıldız, ölüm girdabının içinde çalkalanıyor, her dakika ölüme doğru yaklaşıyordu... Gemi, nasıl olsa batacaktı. Artık gemiden çok yolcu ve tayfaların hayatı düşünülüyordu. Yolcular panikle çırpınıyor, kalpleri hayat endişesiyle titriyordu.

Her iki geminin acil yardım sandalları suya indirilirken kaptanla makineci arasında tekrar şu konuşma geçti:

Kaptan:

- Demiray! Daha kaç dakikamız var?..

- Yirmi...

Kaptan, yolculara ve tayfalara doğru dönerek sert bir sesle:

- Yolcular! Telaş etmeyiniz. Daha yirmi dakikamız var ve hepinizi kurtaracağız inşallah! Tayfalar siz de dikkat ediniz! Gemide tayfa ve yolcu olarak seksen beş kişi var. Bunlar sırayla çıkacaklar. Önce çocuklar... Sonra kadınlar... Daha sonra erkekler... En son da siz çıkacaksınız!..

Kaptan kendisini unutmuştu. Gemide, kendisiyle beraber seksen altı kişi vardı. Kaptanın bu konuşması yolcuları tesiri altına aldı. Bütün yolcular bu vicdanlı davranıştan dolayı verilen emre uydular.

Yirmi dakika içerisinde bütün yolcular tayfalarla beraber kurtulmuştu. Deniz Yıldızı'nın baş tarafı iyice suya gömülmüş ve hazin hıçkırıklarla batıyordu. Kaptan bütün gayretiyle gemideki herkesi kurtarmıştı. Sesi son kez heyecanla yükseldi:

- Aman, Oğuz'u kurtarınız! dedi.

Oğuz, küçük bir tayfaydı. Zavallı neredeyse unutuluyordu. Son anda sandala yetiştirdiler.

Güneşin matemli yüzü ufukta batarken, bu fedakâr kaptan denizin ölüme giden derinliklerinde en yüce şerefi kazanmıştı. Küçük yaştan beri gemiciliği mukaddes bir vazife olarak görmüştü.

(Muallim İzzet İlhan, Yeni Yol, Sayı 98, 21 Ocak 1926)

KUNDURACI ALİ BABA

Denizden biraz uzakta küçük bir köy vardı. Ali Baba adında ihtiyar bir adamla hanımı bu köyde yaşıyordu. Bütün köy ahalisi Ali Baba'ya, Kunduracı Ali Baba ismini vermişti. Köydeki genç-ihtiyar herkes Ali Baba'nın yaptığı pabuçları giyerdi. Ali Baba, bu yaşına kadar çalışmasına rağmen zengin değildi. Tam tersine gün geçtikçe daha da fakirleşiyordu. Çünkü o, müşteriden sadece ayakkabı derilerine verdiği parayı alıyor, kendi el emeğine karşılık hiçbir şey almıyordu. Gel zaman git zaman o kadar fakir düştü ki dükkânında son bir çift pabuçluk deri kaldı.

Ali Baba ve hanımı bu dükkânda yiyor, içiyor ve dükkânın üst katındaki küçük bir odada kalıyorlardı. Bir akşam Ali Baba deriden önlüğünü giydi, başlığını da başına geçirdi ve sobanın yanındaki iş sandalyesine oturdu. Hanımı da sobanın diğer tarafında, minderin üzerine oturdu, Ali Baba'ya kalın yünden bir çift çorap örüyordu. Hem ısınıyorlar, hem de dertleşiyorlardı.

Hüzünlü görünen Ali Baba:

- Ah hanım!.. Bu kadar sene çalıştıktan sonra elimizde avucumuzda bir şey kalmadı. Elimde son bir çift deri kaldı. Başka deri almak için de beş kuruşum kalmadı. Ne yapacağız bilmem ki!.. dedi.

Ali Babanın ihtiyar hanımı bu sözleri işitince elindeki iğnesini düşürdü ve şöyle seslendi:

- Sahi mi söylüyorsun? Yalnız bu kadar mı deri kaldı? Eyvah!.. Ali Bey şimdi ne yapacağız? Artık ikimiz de çok ihtiyarız, bize bakacak hiç kimsemiz de yok... Şimdi bizim halimiz ne olacak? Bu ihtiyarlık günlerimizde açlıktan ölecek miyiz?.. dedi.

Zavallı kadın acı acı hıçkırıklarla ağlamaya başladı. Ali Baba, hanımını teselli etmeye çalıştı:

- Ne olur ağlama hanım! Beyhude ağlıyorsun, sen bunları düşünme. Bir çaresini bulacağız inşallah. Benim, bu kadar senelik dürüst hizmetimin elbet bir mükâfatı vardır. İnanıyorum ki Allah bize yardım edecektir. Hiçbir zaman Allah'tan ümidini kesme!

Ali Baba, hanımını teselli etti ve yine iş masasına gitti. Elindeki son deriden bir çift kundura biçti ve ertesi günü dikmek üzere masanın üzerine bıraktı.

Zavallı ihtiyarlar!... İkisi de başkalarından yardım isteyecek tabiatta değildiler, utanıyorlardı. Komşuları hallerini bilse onlara memnuniyetle yardım ederdi. Fakat Ali Baba kimseden para kabul etmezdi.

Ertesi günü erkenden uyanan Ali Baba dükkânına indi. Ayakkabı yapmak için kestiği derileri hazır dikilmiş olarak buldu. Masanın üzerindeki bir çift kundurayı gören Ali Baba çok şaşırdı. Bu kunduralar fevkalade zarif ve ince bir şekilde özenle işlenmişti. Ali Baba gözlerini ovuşturdu:

- Hâlâ uyuyor muyum, yoksa rüya mı görüyorum!..dedi.

Kunduraları eline aldı ve kontrol etti. Evirdi, çevirdi... Çok hayran kaldı ve:

- Aman Ya Rabbi!.. Bunlar ne güzel dikilmiş kunduralar... İnce dikişler, özenle vurulmuş çiviler... dedi ve içeriye seslendi:

- Hanım, hanım! Gel, bak sana bir şey göstereceğim, dedi.

Ali Baba'nın yanına gelen hanımı:

- Ay bu güzel kunduraları kim yapmış? Bu köyde hiç kimse bu kadar iyi dikiş dikemez.

Bunları kim yapmış olabilir ki? dedi.

Ali Baba başını salladı:

- Bilmem, herhalde bize yardım etmek isteyen birisi yapmıştır, dedi.

Sonra ayakkabıları aldı ve dükkânın camekânına koydu. O gün dükkânın önünden geçen herkes bu güzel kunduraları seyrediyor, birbirlerine göstererek:

- Ali Baba bu kunduraları her zamankinden daha güzel yapmış! Aman ne zarif, ne ince kunduralar... Görüyor musunuz, dikişleri ince ince dikilmiş! Çivileri bile görünmüyor.

Biraz sonra dükkâna bir müşteri geldi:

- Ali Baba, bu camekândaki kunduralar çok hoşuma gitti. Eğer ayağıma olursa bunları iki katı fiyatına almak istiyorum, dedi.

Alı Baba itina ile kunduraları camekândan aldı ve müşteriye sundu. Ayakkabı müşterinin ayağına tam oldu. Sanki onun için yapılmıştı. Müşteri ayakkabıdan o kadar memnun oldu ki fiyatının tam üç katını verdi.

Ali Baba, bu parayla iki çift kundura yapacak kadar deri aldı. O gece derileri keserek hazırladı ve istirahate geçti. Ertesi sabah dükkâna indiğinde masanın üzerinde iki çift kunduranın yapılmış, hazır olduğunu gördü.

Kendi kendine:

- Bu ihtiyarlık günlerimizde herhalde birisi bize yardım ediyor, acaba kimdir? dedi ve kunduraları dikkatle camekana koydu.

Akşam olmadan kunduraların ikisi de satıldı. Müşteriler, kunduralardan o kadar çok memnun kaldılar ki Ali Baba'nın istediği fiyattan fazla ücret verdiler. Ali Baba, bu parayla dört çift kundura yapacak kadar deri aldı. O gece derileri kesti, ertesi sabah dikmek üzere masanın üzerine bıraktı.

Bu hal uzun zaman böylece devam etti. Kunduracı Ali Baba her gece derileri keser, ertesi sabah ise kunduraları hazır bulurdu. İki ihtiyar, fakir ve sefalet günlerinden kurtularak huzur ve refah içinde yaşamaya başladılar.

Ali Baba, bir akşam sobanın yanında oturan hanımına:

- Bize bu kadar iyilik yapan adamın kim olduğunu öğrenmek isterdim, dedi.

Hanımı:

- Bunu bulmak için bir çare var. Bu gece derileri yine kes ve her zaman yaptığın gibi iş masasının üzerine bırak. Biz de perdenin arkasına saklanalım, kunduraları yapanı görmüş oluruz, dedi.

Ali Baba bir çift kundura derisi kesti ve masasının üzerine bıraktı. Sonra hanımıyla beraber perdenin arkasına saklanıp beklediler.

Gece saat on ikiye yakın dükkânın kapıları açıldı. İçeriye sessizce iki kişi girdi. İkisinin de elbiseleri son derece ince olduğu için soğuktan titriyorlardı. Ayaklarının ucuna basarak sobaya yaklaştılar, ellerini sobaya uzatarak ısıttılar. Ali Baba'nın hayretten gözleri açılmıştı.

Hanımına fısıldayarak:

- Vah garibanlar, soğuktan üşümüş olmalılar, yazık!..dedi.

Adamlar hemen iş masasının başına geçtiler, Ali Baba'nın akşamdan kestiği derileri aldılar. Hiç gürültü yapmadan acele acele kunduraları diktiler. İhtiyarlar daha kunduraların ne olduğunu anlamadan adamlar işlerini bitirdiler ve kunduraları bırakarak gözden kayboldular.

Ali Baba'nın hanımı:

- H.z. Allah, bu adamlardan razı olsun!.. Ne kadar iyi insanlar! Bize çok büyük iyilik ettiler. Acaba biz de bir yolunu bulup onlara yardım edemez miyiz? dedi.

Ali Baba uzun uzun düşündü:

- Edebiliriz. Görmedin mi içeri geldiklerinde soğuktan nasıl titriyorlardı. Elbiseleri nasıl ince, parça parçaydı... Ben onların ayaklarına göre birer çift kundura yaparım. Sen de birer yün mintan* örersin! dedi.

* Mintan: Yakasız, uzun kollu erkek gömleği.

Ertesi günü bu minnettar iki ihtiyar hemen işe başladılar. Akşama kadar iki mintanı ve ayakkabıları bitirdiler. Ali Baba, her akşam derileri bıraktığı masanın üzerine bunları da bıraktı. Sonra ikisi de perdenin arkasına saklanıp zavallı adamların gelmesini beklediler.

Gece yarısı dükkânın kapıları açıldı. Adamlar ayaklarının ucuna basarak içeri girdiler. Her zamanki gibi evvela sobaya yaklaşıp ellerini ısıttılar ve sonra da iş masasına geçtiler. Fakat masanın üzerinde deri yerine iki mintanla, küçük iki çift pabuç buldular. Adamlar birbirlerine baktılar, sevinçle sarıldılar. Önce birisi mintanı üstüne giydi. Sonra ötekisi giydi...

İkisi de bunun ne demek olduğunu anladılar. Üstlerindeki perişan elbiseleri çıkardılar, bu yeni elbiseleri ve ayakkabıları giydiler. Çok sevinçliydiler. Bu esnada iki ihtiyar da saklandıkları perdenin arkasından çıktı. Adamlar, Ali Baba ile hanımını gördüler ve:

- Bu soğuk havada bize böyle bir iyilik yaptığınız için size teşekkür ederiz! dediler.

Hızlıca oradan uzaklaştılar. Ali Baba ile hanımı ömrünün sonuna kadar bir daha paraya muhtaç olmadılar.

(İ.B.B. Atatürk Kitaplığı, Çocuklara Masal ve Hikâyeler, İstanbul 1927)

PADİŞAHIN BAŞ AKIL HOCASI

Asırlar önce yaşamış iyi bir padişah vardı. Bu padişah nerede akıllı bir kimse görse onu hemen sarayına akıl hocası olarak alırdı.

Bir gün yaşı küçük, fakat marifetleri pek büyük birinin olduğunu padişaha haber verdiler. Padişah hemen muhafızlarını göndererek genci sarayına aldırdı. Bu genç, o kadar marifetli ve akıllıydı ki padişah marifetlerini görünce onu sarayında tutmak istedi. Mümkün olduğu kadar iyi eğitilmesini emretti. Bu şekilde seneler geçti. Genç daha da akıllandı ve marifetleri de arttı. Padişahın gözünde kıymeti yükseldikçe yükseldi ve sonunda bu genç, padişahın baş akıl hocası oldu. Gencin her isteği mutlaka yerine getirilirdi.

İsteklerini hiçbir zaman kötü işler için kullanmazdı. Saraydaki herkes bu genç ve akıllı adamı çok severdi.

Bu kadar yüksek makamı kazanan başarılı ve akıllı genci sarayda kıskananlar da çoktu. Padişahın vezirlerinden birisi, gencin padişah tarafından bu kadar çok sevilmesini kıskanıyordu. Gün geçtikçe gencin kıymeti artarken vezirin kıskançlığı da çoğaldı.

Vezir, gencin kusurlarını araştırdı, fakat hiçbir şey bulamadı. Padişahın yanında akıllıca hareket ederek dost gibi görünür ve ona çok iyi davranırdı. Kıskanç vezir, padişahın baş akıl hocası olan gençte bir kusur bulamayınca gence iftira atmaya karar verdi.

Vezir bir gün gencin yanına gelip ona son derece samimi davrandı ve sonra:

- Kardeşim, padişah artık ihtiyarladı. Bu devletin başına genç ve sağlam bir padişah bulmak gerekir. Bazı önemli görüşmelerin gösterdiği durumları siz de görüyorsunuz... Doğrusu bu konuda çok düşünüyor ve üzülüyorum, dedi.

Genç:

- Durum böyle... Fakat buna bir çare var mı?

Vezir kurnazlık ederek gence:

- Padişah, millet ve saray halkı sizi takdir ediyorlar. Bence bu makama sizden daha layık kimse yoktur! dedi.

Bu cevap karşısında genç adam birdenbire şaşırdı ve:

- Benim böyle yüksek makamlarda gözüm yoktur, fakat padişah ve millet isterse itaatten başka elimden ne gelir? diye cevap verdi.

Kıskanç vezir bu cevabı alınca hemen padişaha koştu ve:

- Padişahım!... En sevdiğiniz baş akıl hocanız genç adam tahtınıza göz dikmiştir. Siz, onu hala seviyorsunuz, diyerek gencin padişah olmaya karar verdiğini ve kendisini tahtından indirmek için harekete geçtiğini söyledi.

Padişah bu habere çok üzüldü ve:

- Doğrusu o gençten bu hareketi beklemezdim. Bunu bana ispat edebilir misin? dedi.

Vezir hemen araya girerek:

- Emrettiğiniz takdirde hemen ispat ederim sultanım, dedi.

Bu defa vezir, gencin yanına koştu:

- Arzu ederseniz padişahlık makamında sizi görmek isteriz. Efendimiz sizi bu iş için huzurlarına çağıracaklar ve tacınızı giydireceklerdir!..dedi.

Padişahın perde arkasından dinlemekte olduğundan haberi olmayan genç de:

- Pekâlâ!..dedi.

Padişah bu durum karşısında çok üzüldü. Ne yapması gerektiği hakkında kara kara düşünmeye başladı. Bu arada vezir de boş durmuyordu. Genci o kadar kıskanıyordu ki onu öldürmek için planlar kurmaya başladı. Sarayın aşçısına zehirli bir şerbet yapması için talimat verdi. Bu şerbet ertesi günü sabah kahvaltısından sonra gence verilecek ve içince genç adam ölecekti.

Ertesi günü hizmetkârlarından birisi padişahın huzuruna gelip:

- Padişahım, Rabbim sizlere uzun ömürler versin... Vezirlerinizden birisi ansızın öldü.

Padişah:

- Nasıl öldü?

Hizmetkâr:

- Vezirlerinizden birisi sabahleyin hamamdan çıktığında çeşnicibaşının götürmekte olduğu şerbeti içince anlaşılan zehirlenmiş ve hemen ölmüş.

Padişah büyük bir merakla hizmetkâra sordu:

- Bu ölen adam vezirlerimden hangisidir?

Hizmetkâr:

- Akıl hocanızın en yakın arkadaşı olan vezir, dedi.

Akıllı gence iftira atarak öldürtmek isteyen kıskanç vezir zehirli şerbeti içerek ölmüştü. Padişah, yaşanan bu hadise üzerine bu işte bir sır olduğunu anladı ve meseleyi anlamak için genci huzuruna getirtti. Padişah ile genç uzun uzadıya görüştüler. Bunun üzerine ölen vezirin kıskançlığı, ikiyüzlülüğü ve arabozuculuğu meydana çıktı. Bu hadise sonucunda anlaşıldı ki, vezir doğrudan doğruya kendi kazdığı kuyuya düştü.

Büyük bir meclis kurularak memleketin bütün halkı, âlimler ve vezirler davet edildi. Herkes konuşma yapacak olan padişaha dikkatle ve meraklı gözlerle bakıyordu.

Padişah, huzurundaki kalabalığa baktı ve derin bir nefes alarak şöyle seslendi:

- Ey benim sadık paşalarım! Kahraman askerlerim! Şanlı milletim! Bugün bu mecliste devletimizin ve milletimizin geleceği hakkında önemli bir karar için toplandık. İhtiyarladığım için artık padişahlığı bir başkasına bırakmak istiyorum. Evladım olmadığı için yerime, kendi baş akıl hocam olan bu genci tahta geçirmeye karar verdim, dedi.

Meclisin bütün üyeleri ve halk padişahın bu isteğinin son derece uygun olduğunu söylediler. Bunun üzerine padişah mecliste bulunan gence vatana ve millete hizmet edeceğine dair yemin ettirdi. Sonra, tacını çıkarıp gence taktı. Padişahlık tacını giyen genç, sadık ve akıllı olmasının mükâfatını gördü.

(Mektepliler Âlemi, Sayı 3, 15 Mart 1925)

KUTUPLARA DOĞRU

Her yer bembeyazdı. Ne bir dağ... Ne bir tepe... Sadece uçsuz bucaksız bir kar çölü... Bu ıssız çölün ötesinde berisinde birkaç cılız çam ağacı...

Bu çıplak saha üzerinde kızağı çeken köpekler, artık yorgunluktan bitkin hale geldiler. Dört seyyah avcı, meçhul istikamete doğru kızağı peşlerinden sürükleyerek yola devam ettiler. Yönlerini kaybettiler, iki gündür karlı, buzlu yollarda yürüyorlardı. Yorgunlukları, yüzlerinde oluşan derin morluklardan anlaşılıyordu. Alev parçası gibi parlayan gözleri, çektikleri zorlukları fazlasıyla ifade ediyordu. Birkaç haftada uzayan ince ve karışık sakalları, sağlam ve güçlü çehrelerini çepeçevre sarmıştı.

Mevsim ava müsaitti. Avladıkları hayvanların kıymetli postlarını kızağın arkasına güzelce yerleştiriyorlardı. Bu dört usta avcı, her sene kutupların buzlu sahalarında uzun seyahatler yaptıkları için, havanın şiddetinden etkilenmiyorlardı. Ellerindeki kıymetli hayvan derilerini satacakları şehre yaklaştıkça heyecanlanıyorlardı.

Fakat birdenbire ortalığı kasıp kavuran müthiş bir tipinin tesiriyle gidecekleri yönü şaşırdılar. Ne yapacaklarını bilmez bir halde dolaştıktan sonra havanın kararmasıyla, geceyi kar örtüsü üzerinde geçirmeye karar verdiler. Köpeklerin her biri kar yığınlarına gömülerek yattılar. Avcılar etrafı gezerek mağara diplerinden odun kalıntıları toplayarak ateş yaktı. Çünkü hayata tutunmak için ateş yakmak gerekliydi. Buzlar arasında yaşanan bu geceyi ateş yakmadan geçirirlerse sabaha uyanamayacakları şüphesizdi. Nihayet kızgın alevler önünde ellerini, yüzlerini ve bütün bedenlerini kemiklerine varıncaya kadar ısıttılar.

Avcının birisi:

- Bu şekilde yolumuza devam edemeyiz. İçimizden birisi yanına yiyecek ve içecek alarak sabahleyin erkenden yola çıksın. Yerimizi, durumumuzu keşfetsin ve bize kılavuzluk etsin... dedi.

Bir diğeri lafını kesti:

- Pekâlâ! Fakat yalnız başına içimizden kim gidebilir? Kendine güvenen varsa çıksın! dedi.

Cesur birisi hemen atıldı ve onlara kılavuzluk edebileceğini söyledi. Daha sonra kendisine verilen konserve kutularını, peksimetini* ve tüfeğini hazırladı.

Ertesi gün şafak sökmeden yola çıkacak olan avcı:

- Tam yirmi saat beni bekleyiniz! Bu müddet içinde eğer bana bir şey olmazsa güney istikametine doğru ilerleyeceğim. Bir köy veya şehre rast geldiğimi anlayarak arkamdan geliniz! diyerek arkadaşlarına veda etti. Beyaz kar örtüsü üzerinde ilerledi, epey uzaklaştıktan sonra, bir siyah nokta gibi ufukta kayboldu.

Cesur avcı saatlerce yürüdü. Derin bir sessizlik içinde lapa lapa yağan kardan başka etrafta çıt yoktu. Bütün gayretine rağmen tayin ettiği istikameti bir türlü bulamıyordu. Hava bir anda tamamen karardı. Uzaktan duyulan korkunç sesler git gide yaklaşmaya başladı. Tüfeğini eline alarak bir süre bekledi. Üzerine hücum eden kurt sürüsünü görünce korkudan ne yapacağını şaşırdı. Bir anda kurtlara mermi yağdırmaya başladı. Fakat mermisi bitince aceleyle karşısındaki yüksek ve kuru bir çam ağacına tırmandı. Kurt sürüsü ağacın etrafını sardı. Saatlerce ağaçta mahsur kalan avcı adam kurtlardan nasıl kurtulacağını düşünüyordu.

* Peksimet: Kurutulmuş, uzun süre bozulmadan dayanabilen ekmek.

Ne yaptıysa kurtları kovmayı başaramadı. Artık yorgunluktan takati kesilmişti. Az kalsın aşağıya düşecekti. Birdenbire silah sesleri duydu ve karşı tepeden kurtlara ateş ede ede gelen üç arkadaşını gördü. O an ağaçta mahsur kalan avcının sevinci yüzünden okunuyordu. Kurtların hepsi bir tarafa dağıldı.

Dört arkadaş kızaklarıyla beraber bir müddet ilerlerken tekrar bir hayli kalabalık kurt sürüsünün hücumuna uğradılar. Bu defa mücadele çok zorlu oldu. Kurtlardan kaçarken yanlarındaki hayvan postlarını karların arasında açılan uçuruma düşürdüler. Aç hayvanların saldırılarına maruz kalan avcılar, ansızın karşılarında tam teçhizatlı üç adam gördüler. Bu adamlar, kurtlara ateş edince o dakikada bütün kurtlar çil yavrusu gibi dağıldı ve seyyah avcıların hayatı kurtuldu. Dört avcıya yardım eden bu adamlar, o civarda güvenliği sağlamakla memur kır zabıtasıydı. Bu memurlara tek tek sarıldılar ve onlara teşekkür ettiler.

Avcı seyyahlardan biri:

- Neye yarar! Postlar, deriler gittikten sonra... dedi.

Bir diğeri de şu hikmetli sözlerle arkadaşını susturdu:

- Kendi derimizi kurtardık ya! Bu da büyük bir nimet ve başarıdır.

(Ahmed Neşet, Yeni Yol, Sayı 100, 18 Şubat 1926)

OKYANUS ORTASINDA

Okyanus seyahatimiz için hazırlıklarımıza başladık. Kuvvetli iki motorla hareket eden yelkenli geminin bakımını yaptırdık. Okyanusa açılmadan önce limanda geç vakte kadar gezdik ve eğlendik... Sabahleyin güneş henüz doğmadan hareket ettik. Sahilden epey uzaklaştığımızda güneş yeni doğmuş, okyanus adeta kızıla boyanmıştı.

Gemide on üç tayfa, aşçı, makinistler, kaptan ve ben vardık. Toplam mevcudumuz yirmi iki kişiydi. Seyahatimizin ilk günü zevkli ve eğlenceli geçti. Zaten gemi seyahatleri genelde böyle olur. Hele hava güzel olursa keyfine doyum olmaz. Yelkenler açılırken gemi suların üstünde sanki koşmaya başlar. O vakit gemicilere uyumaktan başka bir iş kalmaz...

İşte seyahatimizin ilk üç günü böyle geçti. Gemideki herkesin yüzünde beliren tebessüm, hallerinden memnun olduklarını gösteriyordu. Fakat dördüncü gün öğle vakti ufukta sıralanan birkaç küçük beyaz bulut bizi korkuttu.

Kaptan:

- Fırtına var, zannedersem çok şiddetli olacak, dedi.

O anda korktum, hiç cevap vermeden neticeyi beklemeye başladım. Aradan yarım saat geçmemişti ki, dalgalar büyümeye, rüzgâr şiddetlenmeye başladı. Sağ ve sol taraftan vurmaya başlayan rüzgâr, yelkenleri dalgalandırıyordu. Yelkenler indirildi. Sadece başta bir tane küçük bırakıldı. Dalgalar gitgide büyüyor, etraf kararmaya başlıyordu. Sonunda fırtına bütün şiddetiyle arttı, dalgalar güvertenin bir tarafından giriyor, diğer tarafından çıkıyordu. Gemi, koca okyanusun ortasında küçük bir fındık kabuğu gibi sağa sola savruluyordu.

Tayfalar, kaptan, mürettebat... Herkes vazifesinin başındaydı. Fırtına devam ediyor, bütün dalgalar tekneyi dövüyordu. Geminin bir motoru arıza yaptı ve durdu. Bu defa gemi, tek motorla dalgalara karşı koymaya çalışıyordu. Güneşi görmeden tekrar akşam olmuştu. Gece fırtına devam ederken aniden pervane kopunca, ikinci motor da devre dışı kaldı.

Sabah olunca fırtına dinmiş, güneş yüzünü göstermeye başlamıştı. Artık okyanus ortasında her şeyden mahrum bir tekne üzerinde kalmıştık. Dümen kopmuş, ipleri su götürmüş... Dalgalar idaresiz kalan tekneyi açıklara sürüklüyordu. Hiçbir yerden yardım isteyemiyorduk. Erzakımızın bitmemesi için azar azar kullanıyorduk. Rastlayacağımız ilk vapurdan yardım isteyecektik. Fakat koca okyanus ortasında bizden başka hiçbir şey görünmüyordu. Bir haftanın sonunda bütün erzakımız bitti.

İlk bir haftamız böyle felaket dolu olaylarla geçti. Gemidekilerin her biri bir tarafa saklanmıştı. Kızgın okyanusun tesirini üzerlerinden atamıyorlardı. Açlıktan çenesi açılmayan bu zavallılar bir de susuz kalınca kuvvetten kesildiler. Tayfalar hastalanmaya başladı ve birer birer ölüyorlardı. Her gün birkaç arkadaşımızın cesedini mecburen okyanusa bırakıyorduk...

Fırtınadan on yedi gün sonra gemide sadece dört kişi sağ kalmıştık: kaptan, ben, baş tayfa ve aşçı. Pişirdiği güzel yemekleriyle karnını doyurmaya alışmış olan aşçı, hastalığın tesiriyle elden ayaktan düşmüştü. Zaten zayıf ve çelimsiz olan baş tayfa ise yerinde duramıyordu.

Kaptanla ben, geminin kırılan direğinin dibinde oturduk. Çaresizce yorgun ve bitkin gözlerle yardım bekliyorduk. Dünyada susuzluk gibi büyük bir ıstırap olmadığını, susuz kalınca anladık. Artık bu duruma tahammül edemiyorduk...

Baş tayfa döndü, dolaştı, aradı, bağırdı, söylendi... Fakat yiyecek ve içecek hiçbir şey bulamadı. Karşımızda duran su fıçısını da alt üst etti. Fıçıda da bir damla su bulamayınca daha çok sinirlendi. Saçları dağılmış, gözleri adeta yerinden fırlamıştı. Karşımıza geçti, hararetten yanan kavrulan göğsünü bir hayli uzayan tırnaklarıyla yırtarken ağlar gibi oldu:

- Susadım... Su! Su!

Susuzluktan kendini kaybeden bu zavallı hiç beklemediğim bir anda birdenbire üzerime atıldı. Boğazımı sıkmaya başladı. Belki de o an hararetini dindirmeye çalışıyordu. Hayatım tehlikedeydi. Bir hamlede kurtularak onu boğazından yakaladım. Küpeştenin* yanına kadar sürükleyerek köşeye sıkıştırdım. Kaptan bizi ayırmaya çalışıyordu. Fakat susuzluktan kendini kaybeden baştayfa, beni bir türlü bırakmıyordu. Kaptan sert bir odunla kafasına vurarak onu bayılttı. Benim de gözlerim karardı ve bir anda olduğum yere düştüm. Aradan geçen iki saat sonra kaptan, oldukça yakından geçen bir gemiye işaret etmiş. Baş tayfa, kaptan ve ben kurtulduk.

Kendime geldiğim zaman baştayfa ve ben, bizi kurtaran geminin revirinde yatıyorduk. Baştayfa açlık ve susuzluğun verdiği çaresizlikten dolayı kendini kaybettiğini söyledi. Daha sonra

* Küpeşte: Gemilerde borda kaplamalarının en üstü, güverteden yukarıda kalan bölümler.

bana sarılarak yaptıklarından dolayı özür diledi. Gemi, limana yanaşınca üçümüz de memleketimize döndük. Rabbime şükürler olsun, bizi kurtaranlardan da razı olsun...

(Melih Rakım, Yeni Yol, Sayı 106, 13 Mayıs 1926)

MEYVE VERMEYEN AĞAÇ

Bir adamın Ahmet ve Hasan isminde iki oğlu vardı. Ahmet, Hasan'dan bir yaş büyüktü. Babası, Hasan doğduğu gün bahçeye aynı boyda iki adet elma fidanı dikti. Fidanlar büyüdüler ve birbirine çok benzediler. Görenler bu iki fidanı asla birbirinden ayırt edemezlerdi. Bir gün Ahmet ve Hasan bu fidanların çiçek açtığını görünce çok beğendiler.

Babaları, Ahmet ile Hasan'a:

- Çocuklarım! Bakın, bu fidanlar birbirine çok benziyor. İşte ben bunları size verdim. Lakin göreyim sizi, eğer bunlara güzel bakarsanız çok meyve verirler. Bakmazsanız kurur ve telef olurlar, dedi.

Hasan, Ahmet'ten küçük olmasına rağmen kendi fidanına gözü gibi bakar ve temizliğine özen gösterirdi. Üzerinde bir böcek görse hemen onu uzaklaştırır, düzgün büyüsün diye fidanın yanına destek yaparak sağlamlaştırırdı. Bir annenin kendi çocuğuna şefkatle baktığı gibi, Hasan da kendi fidanının bakımına çok ehemmiyet verirdi.

Ahmet ise babasının verdiği fidana kardeşi Hasan gibi bakmaz, fidanıyla hiç ilgilenmezdi. Arkadaşlarıyla sürekli dolaşır, vaktini boş yere harcardı. Gelen geçene taş atar ve yaramaz çocuklarla kavga ederdi. Kimi zaman gözleri şiş, ağzı burnu yaralı gezerdi.

Ahmet fidanıyla hiç ilgilenmedi ve tamamen onu unuttu. Sonbahar mevsimi geldiğinde iki kardeşin fidanı artık büyüdü, olgunlaştı ve ağaç oldu. Hasan'ın ağacı çok fazla elma vermeye başladı. Meyvenin çokluğundan ağacın dalları kırılacak kadar eğilip bükülüyordu. Bu manzarayı gören Ahmet, kendi ağacını da böyle zannederek sevinçle koştu. Ağacın dallarının kuru yaprakla dolu olduğunu görünce çok şaşırdı. Çaresiz Ahmet, hemen babasının yanına gidip:

- Babacığım nedir senin bana karşı olan kinin, öfken, işe yaramaz ve meyve vermez ağacı bana, meyve veren ağacı ise kardeşime verdin. Benim ağacım kurumuş ve sararmış yapraklarla dolu. Hiç olmazsa kardeşim elmalarının yarısını bana versin.

Babası:

- Çalışkan insanların, kazandıklarını tembellere vermesi ve onları beslemesi doğru değildir. Senin ağacın meyve vermemişse o da senin tembelliğinin cezasıdır. Kardeşin çok çalıştı ve mükafat olarak ağacının ne kadar bol meyve verdiğini gördü. Senin ağacın da onun ağacı gibiydi ve ikisini de aynı toprağa dikmiştim. Ancak sen fidanının bakımını asla yapmadın. Kardeşin ise kendi fidanının üzerinde bir böcek dahi görse, onu hemen def ederdi. Sen ise orda burda dolaşıp, tembellik yaparak vaktini boş şeylerle geçirdin. Bak! Böcekler ağacın gövdesine varıncaya kadar kemirmişler. Şimdi ben senin ağacının tamamen kuruyup telef olmasına razı değilim. Onun için, ağacı senden alıp kardeşine veriyorum. Belki onun çalışmasıyla ağaç yeniden önceki gibi kuvvet bulur. Bundan sonra bu ağaçtan yetişecek meyve kardeşin Hasan'ın malıdır. Artık senin bu ağaçta hiçbir hakkın yoktur. Fakat oğlum olduğun için yine de sana üzülüyorum, dedi.

Ahmet çok pişman oldu ve üzgün bir halde:

- Evet babacığım, söylediklerinde çok haklısın. Ben çok tembellik ettim. Ağacımın bakımını yapmadım, kurudu. Kardeşim ise çok çalıştı ve onun ağacı çok meyve verdi, dedi.

Babası, Ahmet'in başını okşayarak:

- Haydi benim fidanlığıma git! Oradan beğendiğin bir fidanı seç de al. Eğer bir daha aklını başına almazsan onu da senden alır kardeşine veririm, dedi.

Ahmet, babasının bu ifadelerinden utanarak hemen fidanlığa gitti ve en güzel elma fidanını seçti. Ağaca bakma usulünü de Hasan'dan güzelce öğrenip fidanını toprağa dikti. Bütün kötü alışkanlıklarını terk etti ve yaramaz arkadaşlarından da uzaklaştı.

Nihayet yeni senenin sonbaharında, ağacın dallarının meyvelerle dolu olduğunu gördü ve çalışmanın faydasını anladı. Babası ise Ahmet'in bu çalışkanlığından dolayı çok memnun oldu. Hasan ile beraber ikisine küçük bir bahçe verdi. Bundan sonra rahat ve mutlu yaşadılar.

(Çocuklara Arkadaş, Sayı 7, 29 Haziran 1881)

KAYIP ALİ

Alaska'nın Kuzey Denizi sahilindeki bir köyde, avcı bir adam yaşıyordu. Bu avcının bir eşi ve Ali isminde bir de oğlu vardı. Ali çok cesur ve zeki bir çocuktu. Bu çocuk da babası gibi iyi bir avcı olarak yetişti. İlkbahar olunca ava çıkar, zıpkınıyla* balık avlardı.

Ali, şiddetli bir kış günü anne ve babasından izinsiz ava çıktı. Üzerine çıkıp gezindiği dereli tepeli bir buz parçası, birdenbire sahilden koparak ayrıldı. Kırılan buz parçası, rüzgârın da tesiriyle karadan hızla uzaklaşmaya başladı. Sahil ile çocuk arasındaki mesafe epey açıldı.

* Zıpkın: Büyük balıkları vurup çekmeye yarayan ucu çengelli mızrak.

Deniz, dalgalanmaya ve pırıltılı bir hal almaya başladı. Kıyıdan bir hayli uzaklaşan Ali korkmaya başladı. Sahile yüzerek varmanın artık imkânı yoktu. Üst üste gelen bu felaketlerden sonra bir de fırtına çıktı. O esnada şiddetli uğultularla birlikte rüzgâr esmeye başladı. Denizde oluşan dağ gibi dalgaların tesiriyle kocaman buz parçası birdenbire dağıldı. Ali çok yüksek ve sivri bir buz kütlesinin üzerinde kaldı. Parçalanan buz kütlesi o kadar sivriydi ki, adeta bir minare tepesindeymiş gibiydi. Yerinden hiçbir şekilde kımıldayamıyordu. Olduğu yerde büzülüp kaldı.

Ali, bu halde sabaha kadar bekledi. Masmavi deniz suları her tarafını çepeçevre sardı. Sahil kıyıları görünmüyordu. Tutunduğu buz tepesi de rüzgâr, akıntı ve dalgaların tesiriyle bir tarafa doğru alabildiğine akıp gidiyordu. Ali, artık kurtulma imkânının olmadığını düşündü. Üzgün ve karamsar bir halde denizi seyrediyor, ufukları gözetliyordu. Akşam oldu ve karanlık çöktü. Gökyüzü korkunç bir hal almıştı. Bir yandan da yağan yağmur, şiddetini arttırmaya başladı. Zavallının açlık, uykusuzluk ve yorgunluktan takati kalmamıştı. Sert esen rüzgârın şiddetiyle tir tir titriyordu. Çaresiz olan Ali bilincini kaybetti ve suya düştü.

O sırada yakınından geçmekte olan kayıktaki bir adam Ali'nin suya düştüğünü fark etti ve hemen onu kurtardı. Kayığına aldı. Ali baygın bir vaziyette kayıkta yatıyordu. Ali'yi kurtaran balıkçı sahile yakın bir kasabada yaşıyordu. Birkaç saat süren zorlu deniz yolculuğunun ardından kıyıya vardılar. Balıkçı onu şefkatli bir baba gibi sarıp sarmaladı. Karnını bir güzel doyurdu ve:

- Anlat bakalım evlat! Sen de galiba benim gibi av tutkunusun. Az kalsın boğuluyordun. Nerede yaşıyorsun? Annen baban meraklanmış seni bekliyordur, dedi.

Karnı doyan ve kendini güvende hisseden Ali:

- Aslında pek de av tutkunu sayılmam. Benim babam da balık avcısıdır. Annem ve babamdan habersiz ava çıkmaya karar verdim. Denize açılınca birdenbire hava kapandı ve şiddetli bir hal almaya başladı. Artık hayattan ümidimi kesmiştim. Bilincimi kaybedince kendimi birdenbire denizin derinliklerinde buldum. Neyse ki siz beni boğulmaktan kurtardınız. Size ne kadar teşekkür etsem az. Allah sizden razı olsun amcacığım! Şuan nerede olduğumuzu bilmiyorum. Denizden bir hayli açılınca evimin yönünü de kaybettim, dedi.

Balıkçı:

- Peki, öncelikle senin üzerine giyecek birkaç elbise alalım. Daha sonra aileni buluruz. Bizim kasabamızda her sene panayır* kurulur.

* Panayır: Belli zamanlarda ve genellikle küçük yerleşim birimlerinde kurulan büyük pazar.

Şimdi panayır vakti, karnını doyurduysan haydi gidelim, dedi.

Ali'nin ailesinin yaşadığı köyün kenarındaki küçük kulübede ihtiyar bir kadın ve küçük torunu yaşıyordu. Kız çocuğu ninesine:

- Nine! Ben o kaybolan çocuğu bulup getirsem ne iyi olur değil mi? dedi.

Ninesi:

- Öyle kızım, ama bütün köyün arayıp bulamadığı çocuğu sen nasıl bulacaksın? dedi.

Kızcağız hem kaybolan çocuğu düşünüyor, hem de Ali'nin annesiyle babasının hallerini hatırlayınca onlara çok üzülüyordu. Kendi kendine, "Çocuklarını bulup götürsem ne kadar mutlu olurlar!" diyordu. Gece gündüz aklında hep bu düşünce vardı.

Tepenin ardındaki sahil kasabasına her sene panayır kurulurdu. Bu panayır, civar köylerden gelen insanlarla dolup taşardı. İhtiyar kadın da torunuyla beraber bu panayıra her sene giderdi. Bu sene de gittiler. Panayır, çok büyük ve geniş bir alana kurulmuştu. İhtiyar kadın, bir ara kalabalık arasında ilerleyen bir adamın yanındaki çocuğu Ali'ye benzetti. Torununun elinden sıkıca tutan kadın:

- Ali! Ali! diye bağırdı.

Ali'yle beraber ilerleyen beyefendi, sesin geldiği tarafa doğru yöneldi.

Yanlarına gelen kadın:

- Merhaba beyefendi. Bizim köyde bir aile çocuğunu kaybetti, günlerdir onu arıyoruz. Ben tepenin ardındaki köyde yaşıyorum. Kaybolan çocuğun ailesine yakınım. Buraya torunumla beraber panayırı gezmeye geldik. Yanınızdaki bu çocuğu komşumuzun kayıp oğlu Ali'ye benzettik, dedi.

Ali, birdenbire heyecanlandı ve ihtiyar kadına:

- Evet efendim! Benim ismim Ali. Beni boğulmak üzereyken bu balıkçı amca kurtardı. Hayatımı kurtardığı için ona minnettarım. Ne olur bir an önce beni aileme götürün. Annemle babamı çok özledim. Kim bilir şimdi ne haldedirler? dedi.

Araya giren balıkçı:

- Ali'yi ölmek üzereyken kurtardım ve evime getirdim. Üzerine birkaç parça elbise aldık. Onu tanıdığınıza göre gönül rahatlığıyla size teslim edebilirim. Bir an önce ailesine kavuşturursanız beni de çok mutlu edersiniz, dedi.

Küçük kız, Ali'yi buldukları için sevincinden yerinde duramıyordu.

İhtiyar kadın, Ali'ye:

- Merak etme evladım! Seni ailene kavuşturacağız. Beyefendi size çok teşekkür ederim. Ali'yi kurtardığınız için size minnettarım, dedi ve Ali'yi alarak oradan uzaklaştılar.

Akşam olunca hep beraber yemek yediler. Ertesi günü sabah erkenden uyanarak Ali'nin evine gittiler. Annesiyle babasının üzüntüden yüzü sararmış, bir köşede oturuyorlardı. Annesi Ali'yi bir anda karşısında görünce:

-Yavrum! Ali'm sen misin? Yoksa bu bir rüya mı? dedi.

Ali koşarak anne ve babasının yanına gitti. Bir annesine sarılıyor, bir babasına sarılıyordu. Annesi ve babası bir yandan sevinç gözyaşları döküyor, bir yandan da Ali'yi öpüp kokluyorlardı.

Ali, annesine şöyle seslendi:

- Anneciğim, sizleri çok özledim! Bir daha senden ve babamdan izinsiz, tek başıma ava çıkmayacağım. Size söz veriyorum!

Küçük kız, onların bu haline çok sevindi. Mutlu mesut bir şekilde ninesiyle beraber evlerine geri döndüler. Kız, ninesine:

- Nineciğim, işte şimdi çok mutluyum. Bu gece rahat uyuyabilirim. Artık bütün köy halkı çok mutlu, dedi.

(İbrahim Heski, Çocuk Dünyası, 17 Şubat 1927)

ZALİMİN ZULMÜ KARŞILIKSIZ KALMAZ

Anadolu'nun küçük bir köyünde yaşayan kimsesiz, yaşlı bir kadın vardı. Bu kadın, keçisini otlatmakla meşgul olur, onun sütüyle geçinirdi. Kadının yaşadığı köyün dağlarını, yamaçlarını kendisine mesken edinmiş servet sahibi zengin bir adam vardı. Bu adam, köy ahalisine zulmediyordu. Halk da bu adamdan nefret ediyordu.

Servet sahibi bu zorba adamın hasta bir oğlu vardı. Yaşlı kadına, oğlu için her sabah sıcak keçi sütü getirmesini emretti. Çaresiz kadın, bu emri kabul etmek zorunda kaldı. Her sabah keçisiyle beraber zalimin dağ başındaki hanesine gelir, itina ile sütü verir ve sonra keçisiyle beraber evine geri dönerdi. Bu durum bir süre daha böyle devam etti. Zavallı ve çaresiz kadın, her sabah dağ başına çıkmaktan artık yorulmuş, takati kalmamıştı. Hastalanıp yatağa düşen kadın sütü götüremez oldu.

Bunun üzerine zalim adamın emrindeki hizmetkârları, kadının elinden keçiyi alarak efendilerinin hanesine getirdiler. Yaşlı kadının tek sahip olduğu şey keçisiydi. Bütün ihtiyaçlarını onun sayesinde görürdü. Çocuğu gibi sevdiği keçisinden ayrı kalınca çok üzüldü. Gücünü toplayan kadın gasp edilen keçisini istemek için zorluklara rağmen dağın başına kadar çıktı.

Zalim adamın hanesini çevreleyen kalın ve yüksek duvar üzerinden keçinin acı acı melediği işitiliyor ve çocuğun gülme sesleri geliyordu. Kadın, adamın oğlunun keçiye eziyet ettiğini anladı. Hemen kapıdan içeri girip adamın ayaklarına kapanmayı düşündü. Yine her günkü taze süt getirmek şartıyla hayvanının kendisine iade edilmesini istediyse de kapıdaki hizmetkârlar, kadının içeri girmesine bile fırsat vermediler.

Kadın feryat ederek ağlamaya başlayınca sesi işiten keçi, sesin sahibine ait olduğunu anladı ve duvarın ucuna gelip atlamak istedi. Ancak çocuk, keçinin önüne geçip buna engel olmaya çalıştı. Keçi bütün kuvvetiyle ileriye doğru atıldı ve çocukla beraber o yüksek duvardan düştüler. Çocuk öldü, koyun ise telef oldu.

Çocuğun merhametsiz ve zalim olan babası, bu hali görünce üzüntüsünden perişan oldu. Her ne kadar zalim olsa da çocuğuna karşı olan muhabbet ve sevgisi çok kuvvetliydi.

(Etfal Gazetesi, 21 Ocak 1886)

ÜÇ ŞEHZADE

Batuhan adında bir padişah ve üç oğlu vardı. Oğullarından en büyük ve ortanca şehzade son derece akıllı ve zekiydi. Küçük şehzadenin zekâsı biraz daha zayıftı. Bu sebepten onu budala kardeş diye çağırırlardı. Babaları ihtiyarladığı için "Evlatlarımdan hangisini yerime tayin edeyim?" diye düşünmeye başladı. Ve en sonunda üç şehzadeyi de yanına çağırdı:

- Evlatlarım! Gidin, dünyayı gezin. Artık ben ihtiyarladım. Hanginiz bana iyi bir halı getirirse onu yerime padişah yapacağım, dedi.

Üç şehzadeyi de sarayın önüne çağırttı. Kale duvarlarının burçlarındaki bir muhafız üç tane kuş tüyünü rüzgâra bıraktı. Padişah, şehzadelere hitaben:

- Her biriniz bu kuş tüylerinin gittiği yöne gidin, dedi.

Tüylerden birisi güneye, birisi de batıya uçtu. Üçüncü tüy ise biraz havalandıktan sonra saray surlarının dışında bir bahçeye düştü. Küçük şehzade düşünmeye başladı. Birdenbire gözleri tüyün düştüğü bahçenin yanında duran bir halkaya ilişti. Hemen halkayı kaldırdı, bir de ne görsün... Bir merdiven, merdivenin sonunda ise bir kapı... Merdivenlerden aşağıya indi ve kapıya vurdu. İçeriden tuhaf bir ses:

- Giriniz... dedi.

Kapı kendi kendine açıldı. Şehzade gördüğü manzara karşısında şaşırdı. Kocaman bir oda... Orta yerde sert bakışlı, sivri dişleri ve altın sarısı tüyleri olan büyük bir aslan oturuyordu. Sağında ve solunda itinayla sıralanmış birçok aslan vardı. Büyük aslan, şehzadeye:

- Ne istiyorsun? diye sordu.

Şehzade, heybetli olan aslanı görünce biraz ürktü. Fakat aslanın sorusuna cevap vermekte gecikmedi:

- Dünyanın en güzel halısını isterim, diye cevap verdi.

Aslan, hizmetçisi olan küçük aslana:

- Duvarın üzerinde duran büyük sandığı bana getir! dedi.

Küçük hizmetçi, efendisinin emrini hemen yerine getirdi. Sandığı açtılar. İçinden özenle dokunmuş, çok müstesna, güzel bir halı çıktı. Bu halıyı küçük şehzadeye verdiler. Şehzade, aslana teşekkür ettikten sonra merdivenlerden çıktı ve kapı kapandı.

Büyük olan iki şehzade ise küçük şehzadenin hiçbir şey getiremeyeceğini düşünüyorlardı. İlk rast geldikleri bir çoban kızının örtüsünü aldılar ve padişaha getirdiler.

Padişah, küçük şehzadenin getirdiği halıyı görünce çok beğendi ve memnun oldu:

- Zannedersem küçük şehzadem padişah olacak! dedi.

Bunun üzerine kardeşleri, küçük şehzadeyi çok kıskandılar ve bunu kabul etmediler. Padişah mecburen şehzadelere ikinci bir şans vermek zorunda kaldı. Şehzadelere şöyle seslendi:

- Haydi gidin, hanginiz bana en güzel yüzüğü getirecek olursa onu yerime padişah yapacağım, dedi.

Yine oğullarını sarayın önünde topladı ve üç tüy uçurttu. Biri doğuya, biri kuzeye uçtu ve iki büyük şehzade bu taraflara gittiler. Diğer son kuş tüyü ise yine biraz uçtuktan sonra sarayın dışındaki bahçeye düştü.

Küçük şehzade tekrar kuyunun kapağını kaldırdı. Merdivenleri indi ve aslanı eski yerinde buldu. Aslan, şehzadenin neden geldiğini tekrar sordu. Şehzade de güzel bir yüzük istediğini söyledi. Büyük aslan, sandıktan son derece güzel bir yüzük çıkararak küçük şehzadeye verdi. Şehzade, aslana teşekkür ederek sarayın yolunu tuttu. Bu esnada iki büyük şehzade, kardeşlerinin bir halka bile bulamayacağını düşünerek güldüler. Eskimiş bir yük arabasının takımlarından bakır halka çıkararak padişaha getirdiler.

Padişah, küçük şehzadenin getirdiği yüzüğü çok beğendi ve:

- En küçük oğlum yerime geçecek, dedi.

İki kardeş yine itiraz ettiler ve babalarına üçüncü bir şans vermesi için yalvardılar. Padişah bu defa hangisi güzel bir kılıç getirirse onu padişah yapacağını söyledi. Yine üç kuş tüyü uçurdu.

Küçük şehzade, bu sefer de kuyuya gitti ve aslana isteğini söyledi. Aslan, hizmetkârına duvarda asılı olan kılıcı işaret ederek getirmesini emretti. Hizmetkâr, kılıcı şehzadeye uzattı. Şehzade eline kılıcı alır almaz adeta gözleri kamaştı. Kılıcı, deri kaplamalı, üzeri yeşil renkli taşlarla işlenmiş kınından çıkardı. Ay şeklinde hafif yuvarlak olan kılıcın keskin yüzü pırıl pırıl parlıyordu.

Küçük şehzade, kılıcı alır almaz oradan uzaklaştı ve biraz sonra saraya vardı. İki büyük kardeş de bu esnada geldiler. Küçük şehzadenin iyi bir kılıç bulamayacağını düşünerek ilk rast geldikleri nöbetçi muhafızlardan basit birer kılıç getirdiler. Padişah, şehzadelerin getirdiği kılıçları birer birer inceledi ve küçük şehzadenin getirdiği kılıca hayran kaldı. Huzurundaki şehzadelere şöyle seslendi:

- En güzel kılıcı küçük şehzadem getirdiği için kendisi yerime padişah olacaktır. Yarın düzenleyeceğimiz merasimle küçük şehzadem padişahlık tahtına oturacak, dedi.

Büyük şehzadeler, bu duruma defalarca itiraz etseler de padişahın kararı değişmedi. Ertesi gün vezirler, devlet görevlileri ve saray halkı büyük salonda toplandılar. Küçük şehzadenin önceden getirdiği halıyı, yüzüğü ve kılıcı da getirdiler. Padişah, herkesin huzurunda şehzadeyi tahtına oturttu. Halıyı padişahlık tahtının önüne serdi ve yüzüğü şehzadenin parmağına taktı. Son olarak da kılıcı şehzadeye verdi. Şehzade, ülkesini adalet ve hoşgörü ile idare etti.

(Çocuk Dünyası, Sayı 80, 9 Mayıs 1918)

BEYZADE VE ÇOBAN

Konya'da yaşayan bir beyzade* evinin önünde oturuyordu. O sırada yardıma muhtaç halde olan bir çoban, beyzadenin yanından geçiyordu:

- Çok açım ve zor durumdayım, bana karnımı doyuracak kadar ekmek parası verir misin? dedi.

Beyzade sert bir ifadeyle:

- Sana verecek param yok, dedi.

Çoban, mahcup bir vaziyette tekrar beyzadeye:

- Karnım çok aç. Susuzluktan ölmek üzereyim. Ne olur bir parça ekmek ve bir kap su verir misin bana? diye yalvardı.

* Beyzade: Bey oğlu, soylu kimse.

Beyzade bu defa hiddetlenerek:

- Haydi defol git şuradan sefil çoban! dedi ve çobanı kovdu.

Bunun üzerine çoban, beyzadenin yüzüne ve kıyafetine dikkatlice baktı. Sonra, oradan uzaklaştı.

Aradan uzun bir zaman geçti. Beyzade bir gün avlanmaya çıktı. Orman yolunda giderken yönünü şaşırdı ve ormanda kayboldu. Yolunu bulmaya çalışırken, ağaçların arasında bir çoban kulübesi gördü. Hemen oraya gidip şehre çıkan yolu öğrenmek için kulübedeki çobandan yardım istedi.

Çoban:

- Şehir buraya pek uzaktır. Birazdan güneş batacak, şehre bu saatte gitmeniz mümkün değil. Ormanda kalırsanız kurtlar ve diğer vahşi hayvanlar size zarar verebilir. Eğer isterseniz bu akşam misafirim olabilirsiniz, dedi.

Çobanın bu yardım severliğinden çok memnun olan Beyzade:

- Haklısınız, bu saatte evimi bulmam mümkün değil. Bana yardım ettiğiniz için çok teşekkür ederim, dedi.

Beyzade hemen kulübeye girdi. Çoban, beyzadeye biraz koyun eti pişirdi, karnını doyurdu. Uyuma vakti gelince rahat uyuyabilmesi için bir de yere koyun postu serdi.

Sabah, güneşin doğmasıyla beraber beyzade uyandı. Bir an önce evine gidebilmek için çobandan yolu tarif etmesini istedi. Bunun üzerine çoban tüfeğini alıp, beyzadenin önüne düştü. Beraberce birkaç saat yol yürüdüler. Çoban, beyzadeye daha üç saatlik yol yürümeleri gerektiğini söyledi. Yürümeye devam ederlerken çoban bir ara beyzadeye dönüp:

- Beni hatırladınız mı? diye sordu.

Beyzade ise mahcup olarak:

- Sizi daha önce görmüştüm, diye cevap verdi.

Çoban tekrar:

- Beni kapınızın önünde görmüştünüz ve kovmuştunuz. Ne zaman kapınıza aç, susuz ve yardıma muhtaç birisi gelirse, onu kapınızdan kovmayınız. Sizden yardım isteyen kim olursa olsun, ona yardımcı olunuz. Çünkü bir gün siz de yardıma muhtaç duruma düşebilirsiniz, deyip kulübesine döndü. Beyzade ise mahcup bir halde yoluna devam ederek sağ salim evine ulaştı.

(Çocuklara Arkadaş, Sayı 2, 12 Nisan 1881)

ALDANAN HİZMETKÂR

Denizlerin dibinde yaşayan, yeryüzündeki bütün denizlere hâkim bir kral vardı. Denizler kralı ilerleyen yaşına rağmen hiç evlenmedi. Artık evlenmeye karar veren kral, ejderhalar kralının kızıyla evlenmek istiyordu. Çok güzel ve kusursuz olan bu kız, oldukça genç yaştaydı. Böyle bir kız yalnızca denizler kralına yakışırdı. Yapılacak olan düğün için, denizlerde yaşayan herkes davet edildi.

Kralın düğün günü denizlerdeki sevinç oldukça fazlaydı. Denizlerin her bir tarafından gelen çeşitli büyüklükte süslü, allı pullu ve rengârenk balıklar, ışıl ışıl parıldayan denizyıldızları ve mercanlar... Bütün bu hayvancıklar denizler kralıyla güzel eşini tebrike geliyorlardı. Düğün çok uzun sürdü. Herkes bu düğünün hiçbir zaman bitmeyeceğini zannediyordu.

Yeni evlenen kral ile eşi mutlu mesut yaşıyorlardı. Bir gün genç kraliçe ansızın ağır bir hastalığa yakalandı. Hastalığı gittikçe fenalaşıyor, hiçbir çaresi bulunamıyordu. Denizler kralı bu duruma çok üzülüyordu. Hasta kraliçeyi muayeneye gelen doktorlar, bu hastalığa ilaç bulunamayacağını söylüyorlardı. Fakat hiçbiri muayene hakkı olarak altınları almaktan vazgeçmiyordu.

Denizler kralı, artık ne yapacağını şaşırdı. Ününü işittiği her hekimi çağırıyor, hasta kraliçeyi tedavi ettiriyordu. Lakin hepsi faydasız...

Bir gün hasta kraliçe, denizler kralına:

- Sevgili kralım! Ben, bu hastalığıma bir ilaç biliyorum. Bu ilacı bana bulursanız, hastalığımdan kurtulacağım. Bana canlı bir geyik bulunuz. Onun ciğerini yersem, bir şeyim kalmayacak. Hemen iyileşeceğim! dedi.

Denizler kralı hiddetle bağırdı:

- Ne dedin? Denizin ta dibinde yaşadığımızı unuttun mu yoksa? Geyikler karada yaşıyorlar. Bir geyiği buraya, ta denizin dibine kadar canlı olarak getirmek mümkün müdür?

Hasta kraliçe ağlayarak:

- Eğer denizler kralı, karısının iyi olmasını isteseydi, böyle bir ilacı hemen bulurdu, diye serzenişte bulundu.

Bunun üzerine denizler kralı, ihtiyar hizmetçisini hemen çağırdı:

- Benim ihtiyar emektarım! Sen beni çok seversin, bunu biliyorum. İşte bunun için sana zor bir vazife vereceğim. Beni iyi dinle. Yüze yüze geyiklerin yaşadığı topraklardan birisine gideceksin, bir geyiği diri olarak buraya gelmesi için kandıracaksın. Bunun için ne mümkünse, ne gerekiyorsa yap! Geyiği buraya getirmenin çaresini bul! Çünkü onun karaciğerini alarak hasta kraliçemize yedireceğiz, dedi.

Kralına çok bağlı olan hizmetçisi:

- Peki efendim, sağlıcakla kalın, diyerek onları selamladı ve çıktı.

Bu hizmetkâr hem karada, hem de denizde yaşayabiliyordu.

Hizmetkâr birkaç saat yüzdükten sonra, geyiklerin yaşadığı bir adaya çıktı. Karaya çıkar çıkmaz, karşısında mini mini geyik yavruları gördü. Bu yavru geyikler, yeşil bir tepelik üzerinde oradan oraya koşuşturuyorlardı. Bir tanesini görünce hemen tatlı bir sesle:

- Küçücük sevimli geyik! Bir dakikacık beni dinler misin? Ben, denizler kralının baş kapıcısıyım.

Denizlerin en derin yerinden kalktım, seni görmek için buraya kadar geldim. Senin güzelliğin herkesin dilinde dolaşıyor. Denizlerin dibinde bile yalnızca senin güzelliğinden bahsediyorlar. Ne olur, benimle birlikte bizim oralara kadar gelsen... Bizim yaşadığımız yerler, bu kuru kayalık topraklardan çok daha güzeldir. Yaşadığımız yerde hava her zaman iyi, ağaçlar meyve ile dolu. Hiçbir zaman kış mevsimi yok. Bunun için ağaçlarımızda en güzel meyveler var, dedi.

Geyik, hizmetkârın yalanlarına inandı ve gitmeye razı oldu. Onun sırtına bindi, yola çıktılar. Birkaç saat ilerledikten sonra geyik, "Sakın bu deniz canlısı beni kandırmış olmasın! Öyle ya... Bana yalan söylemiş olabilir. Belki, biraz daha ilerledikten sonra beni öldürür. Her söze çabucak inanmak budalalıktır." diye düşünmeye başladı ve hizmetkâra:

- Yolculuğumuz çok güzel geçiyor. Ancak, bana doğrusunu söyle! Seni kim gönderdi? dedi.

Hizmetkâr daha fazla dayanamayarak:

- Küçüğüm! Mademki öğrenmek istiyorsun, söyleyeyim. Denizler kraliçesi ağır hasta yatıyor. Seni ona götüreceğim, karaciğerini yerse hastalığı hemen geçecek.

Geyiğin aklı başına geldi.

- Ya! Öyle mi? Ne kadar yazık ki benim karaciğerim, üzerinde koşuşturduğum yeşil tepelikte kaldı. O, benim hiçbir işime yaramaz. Beyhude yere ağırlık ettiği için oynayacağım zaman ciğerimi çıkarıp bir yere bırakırım. Eğer kraliçeye ciğerimden ilaç olacaksa bu benim için ne büyük bahtiyarlık!.. Haydi, dön geriye gidip alalım şu ciğeri! dedi.

Hizmetkâr, geyiğin sözlerine inandı. Geyiği yine aldığı tepeliğe bıraktı. Geyik tepelikte oradan oraya koşturarak bir şeyler aramaya başladı. Artık akşam da oluyordu. Geyik, hizmetkârdan kurtulmak için:

- Görüyorsun ki ortalık kararacak. Ben ciğerimi bıraktığım yerde bulamadım. Sen şimdi kraliçeye git, yarın yine gel! Ciğeri hazır bulacaksın, dedi.

Hizmetkâr, geyiğin yalanlarına inandı. Yine yüzerek gidip ciğer masalını denizler kralına anlattı. Onun saflığı, beceriksizliği ve boş boğazlığı kralın canını sıktı. Muhafızlarını çağırarak onu güzelce dövdürdü. İşte o zamandan beri bütün denizlerdeki balıkların kemikleri ezilerek küçüldü.

Hasta kraliçe, geyikten umudunu kesti ve daha sonra öldü.

(Çocuk Yıldızı, Sayı 5, Kasım 1927)